一度は行きたい幻想建築

世紀末のきらめく装飾世界

小谷匡宏

ビジュアルだいわ文庫

大和書房

はじめに　幻想への誘い

たった一冊の雑誌が私の人生を変えた。「芸術新潮」1985年10月号だった。「百花繚乱のウィーン」という特集が組まれていて、建築家オットー・ワーグナー、画家グスタフ・クリムト、エゴン・シーレらの、驚くほど技巧を凝らした幻想的な世界がそこにあった。翌年、私はウィーンへ旅立った。

ワーグナー、オルブリッヒ、アドルフ・ロース……。旅先で見た、世紀末ウィーンを彩ったセゼッション（アールヌーヴォー）様式の建物に私は心を鷲掴みにされた。以来、毎年のようにヨーロッパへ出かけてはアールヌーヴォー建築に親しんだ。

「アールヌーヴォー建築のどこがそんなに良いの？」と問われたら、どう答えようか。流れるような曲線、天国を描いたフレスコ画、たくさんの動植物や空想上の生物のレリーフ、まるで別世界にいるような錯覚を催させるセラミックタイル。それぞれが、この様式の特徴を示している。

しかし、「アールヌーヴォー建築ってどういうもの？」と聞かれたら、答えるのはとても難しい。あえて言えば、19世紀後半から20世紀初頭にかけて、全世界的に同時に起こった「それまで見たことのない建築」とでも言おうか。

それらは互いに影響し合いながらも、独自にひらめいたアートを実現したもので、様式を規定するこれといった決め手はない。要は見る人の感性に委ねられている。私はこの捉えどころのないアールヌーヴォー建築に35年以上激しく魅了され続けてきた。63回の海外旅行で90の国と地域に行き、それらしい建築を見つけては写真に撮った。海外滞在は828日に及ぶ。警察に捕まること2回。湾岸戦争中のイスタンブールで1回、デブレツェンでは、警察そのものに侵入してしまった。大使館でフィルム没収2回、ブエノスアイレスとフエで財布を、パリではケータイを盗まれた。そんな中で撮りためた膨大なコレクションの中から、36の国の400に迫る建物を選りすぐりで取り上げ、解説した。

可能な限り住所を入れたので、スマホで簡単に場所を特定でき、スクリーンで見ることもできる。この本を手に現地を訪れ、さらに新しい情報を手に入れたり、誰も知らないアールヌーヴォー建築を発掘したりする人が現れることを期待しています。

著者

CONTENTS

世紀末建築の関連語

◉アールヌーヴォー
19世紀末から20世紀初頭にかけて起こった新しい芸術様式。曲線を多用する。世紀末建築、世紀末美術なども同じ意味。

◉ウィーン・セゼッション
オーストリアにおけるアールヌーヴォー。

◉ナショナル・ロマンチシズム
アールヌーヴォー建築の一種。三角屋根を持ち、壁は重厚な石造り。北欧と東欧に多い。

◉イタリア・リバティ
イタリアのアールヌーヴォー。

◉表現主義
20世紀前半にドイツで起こった主観的表現を重視する運動。

◉アムステルダム派
1910年代にアムステルダムを中心に活躍した建築家集団の名前。表現主義と質的に同じ。

◉アーツ・アンド・クラフツ運動
俗悪な機械生産に反発する19世紀後半のイギリスの工芸運動。

◉レヒネルスタイル
建築家レヒネル・エデンが確立した、曲線と装飾を多用するハンガリー版アールヌーヴォー。

◉ジョルナイ工房
ハンガリーのペーチにある陶器会社。エオシン釉という美しい陶器を発明した。旧ハプスブルク帝国全域で愛好された。

さまざまな様式

◉ビザンチン
東ローマ帝国（首都イスタンブール）で発達した大きなドームを持つ建築様式。

◉アンピル
19世紀前半にパリから全ヨーロッパで流行した。古典主義にエジプトのモチーフが加わる。

◉ロマネスク
10〜12世紀にかけて西ヨーロッパ全域で流行した。半円筒のヴォールト（アーチ）が特徴。

◉ネオ・ルネサンス
ルネサンス建築の復興を目指す19世紀の様式。

◉バロック
17世紀から18世紀前半に広がった様式。バロック（歪んだ真珠）の名の通り豪華絢爛。19世紀後半に復興運動がおこる（ネオ・バロック）。

◉コリント
古代ギリシャ建築の柱頭の3様式のひとつ。アカンサスの葉がモチーフ。

◉イオニア
同様に、渦巻模様がモチーフ。

◉ガレリア
道路の両側に店舗を並べ、上にガラスのアーケードをかける。

◉古典主義
ギリシャ・ローマの建築を模倣と

する建築様式（新古典主義）。

◉アールデコ
アールヌーヴォーに取って代わり、主としてアメリカで起こった直線的装飾の建築様式。

◉モダニズム
20世紀における、装飾過多の様式を捨て機能を重視した建築様式。

建築用語など

◉カーテンウォール
外壁を構造から切り離し、ガラスなどの軽量化した材料で仕上げる様式。

◉モルタル
セメント、砂、水を混ぜ合わせた材料。建物の下地と仕上用。

◉ファサード
建物の正面のこと。

◉破風（はふ）
切妻（三角屋根）の妻側にある三角の部分。

◉オープン・ペディメント
開口部の上にある三角形の飾りで、上が開いているもの。

◉庇（ひさし）
建物から飛び出した屋根部分。窓上の小屋根も同じ。

◉持送り（もちおくり）
バルコニーや庇を支える腕木。

◉樋（とい）
屋根に降った雨を集めて下に流す装置。

◉控え壁
石やレンガの壁が崩れないように直行方向に付けられる壁。

◉身廊（しんろう）
教会中央の細長い広間の部分。

◉軒蛇腹（のきじゃばら）
陸屋根（水平な屋上）の建物の最上部の飾り。コーニスとも。

◉ボウウィンドウ
弓型に張り出した出窓。

◉ベイウィンドウ
四角に張り出した出窓。

◉パラペット
陸屋根で、外壁が屋上より突き出ている部分。

◉ペントハウス
屋上に設けられる塔屋の階。

◉テラコッタ
粘土を焼いて造る大型の粘土製品。レリーフや大型タイル。

＊本書に住所が収録されている建物は、2019年10月現在で所在を確認できたものですが、すでに取り壊されている可能性があります。ご旅行の際は事前のご確認をお薦めいたします。

＊日本語での通称が定まっていない建築名や作者名に関しては、検索等の利便性を考慮し、現地の表記等で掲載しています。

＊建物には完成年をできる限り記載しましたが、未完成のものなどでは一部着工年も含まれます。

Chapter

1

東欧

EASTERN EUROPE

ノヴィサド銀行（セルビア／ノヴィサド／ Trg slobode 7）

SERBIA
セルビア

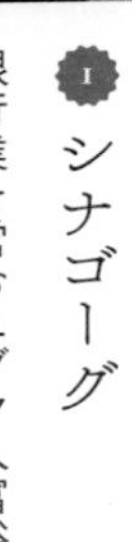

I シナゴーグ

1902／コモル&ヤコブ

銀行業を営むユダヤ人富裕層の支援を受けた2人が建てたシナゴーグ（ユダヤ教会）。おとぎ話に出てきそうな豪華でメルヘンな建物だが、レンガや色タイルで縁取りをした外装はローコスト化にも成功している。内部は美しいフレスコ画で満たされている。その後、建設されるシナゴーグの手本となった記念碑的な作品。（スボティツァ／Trg Sinagoge 6）

② 商業銀行

1907／コモル&ヤコブ

今では考えられないほど華美な銀行ビル。セラミックや色タイルを使い、明るい色調で軒蛇腹をデザインした。建物自体は安く仕上げられている。当時の銀行は2階にあり、1階は商店、3階以上は集合住宅となるのが通例だった。（スボティツァ／Korzo 4）

SERBIA

③ サラモン・ゾンネンバーグ宮殿（現 ハンガリー領事館）

1909／I.Strassburger & L.Gombos

富豪の住宅。ベイウィンドウ（出窓）を中心に据え、1階に小さな窓、2、3階に大きな窓を置いて対比させる。そしてその周囲をカラーセラミックで飾り立てた作品。鳥居のような玄関枠に丸窓のついたドアがユニーク。（スボティツァ／Đure Đakovića 3）

④ ライフル邸

1905／ライフル・フェレンツ

ライフル宮殿の増築部分。隣にあり、内部は繋がっている。外装のデザインは似ているものの、こちらは少し控え目。セラミックも使われていない。色も異なるが、モールや装飾の花模様などは同じ仕上がり。（スボティッァ／Đure Đakovića 9）

⑤ ライフル宮殿

1904／ライフル・フェレンツ

建築家、建築会社の社長であったライフルが渾身の力を込めて作った自邸。ジョルナイエ房のカラーセラミックを内外にふんだんに使って市民を驚かせた。建物は裏通りにも面していて、そちらは白一色の別世界。（スボティッァ／Đure Đakovića 9）

内装は曲面が多く、おとぎ話の世界。淡い色漆喰で彩られ、要所はセラミックが使われている。現在は博物館で見学できる。

ライフル宮殿

6 テラジイェ通り39番地の集合住宅

1912／Milorad Ruvidić

実は5階建ての建物。最上階にルネサンス風のキューポラが載っているが、細部の意匠はアールヌーヴォー。柱頭を飾る4体の女神像、窓周りや柱飾りは白い花柄である。（ベオグラード／Terazije 39）

7 Stamenković house

1907／Andra Stevanović

左右対称で中央を高くし、そこにアイキャッチャーとなる女神像を配置する典型的な手法を用いた建物。壁全体に使った、この地方独特のセラミックカラータイルが印象的。（ベオグラード／Kralja Petra 41）

8 Aron Levi

（ベオグラード／Kralja Petra 39）

1907／Stojan Titelbah

9
旧電話局

1908／ブランコ・タナゼビッチ

1ブロック全部の巨大建築。銘板に「セルビアン・ビザンチン様式のアール・ヌーヴォー」とある。ビザンチンはオスマントルコ。開口部の上がアーチで、それがトルコの発明。（ベオグラード／Palmotićeva 2）

10
The house of Judge Golvbovic

1872・1912／ブランコ・タナゼビッチ

元裁判所の建物。現地の本では「セルビアン・ビザンチンスタイル」とある。広義の世紀末建築。3連のアーチ窓が印象的で、基壇部分のストライプとの取り合わせが斬新である。（ベオグラード／Kralja Milana 2）

11
モスクワホテル

1908／Jovan Ilkić

三角形の敷地に建つが、どう見ても四角形。角ばった張り出し窓がコーナーや正面にあり、アールデコ風だが、緑色のタイルを纏った姿は、ベオグラードを代表する世紀末建築だ。（ベオグラード／Terazije 20）

⑫ セルビア科学芸術アカデミー

1924／Dragutin Đorđević & Andra Stevanović

コーナーは扇状のガラス屋根に人の顔。両袖の3連アーチはバロック風、鋳鉄製のバルコニーの手摺では髪の長い女性の顔が連続する。集合住宅を改修したため、違う様式が混在している。（ベオグラード／Kneza Mihaila 35）

⑬ Nep Banx

1900／ライフル・フェレンツ

ユダヤ資本の銀行。破風には15㎝四方の装飾タイルを組み合わせた壁画があり、真ん中にエジプト風髪飾りをつけた女性、右側には秤、左側には槌を持ったミューズが描かれている。（パンチェボ／Trg slobode 2-6）

⑭ The Tesla Art Hostel（集合住宅）

1906／アールカイ・アラダール

造形が巧みな建築家の作品。この集合住宅は何の変哲もないように見えるが、よく見ると破風を立ち上げて波立たせており、窓割も変化に富み、縁取りをした上品な仕上りである。（ノヴィサド／Šafarikova 7）

ROMANIA
ルーマニア

上・丸窓の別荘／下・バーミュラー商会

⑮ 丸窓の別荘 1906

大通りに面した別荘。今は激しい交通量で騒音の只中にある。築100年以上で傷みも激しいが、まだ使われている。右翼のやや変形した丸窓の形が良く、修復されれば街を代表する建物になる。(ブラショフ/Bulevardul 15 Noiembrie 46)

⑯ バーミュラー商会 1906

石彫りが繊細で恐ろしく手の込んだ、階高の高い3階建て。1、2階は商店であっさり仕上げ。3階と破風は白大理石の彫刻で満たされ、中央に店名の文字、両側に二人の男性がいる。右の男は槌を持ち、マークにも槌がある。元は金物屋だろうか。(ブラショフ/Strada Republicii 16)

⑰ ひげ爺の病院

東欧にはヒゲを長く生やしたおじいさんのレリーフが多い。この建物は病院だが、ヒゲが格別に長い。不老長寿を願う祈りの気持ちが伝わってくるようである。(ブラショフ/Bulevardul Eroilor 4)

⑱ バロック風味の集合住宅 1902

尖塔下の年号近くには女性の顔。左右の植物紋様にはさまれている。その下のアーチ窓にも女性、さらに各柱に女性の顔や紋様がつく。庇を支える持送りはバロックの名残り。(ブラショフ)

19 建売住宅

Karoly L EMIL & Markovits sandor

通りに9軒並ぶ建売住宅の一つ。いずれも敷地が広く、建物も大きい高級住宅。足元に割石を用い、上部は軽く仕上げて、丸窓や台形の窓で変化をつけているのが特徴である。（クルージナポカ／Strada Arany János 15）

20 ミューズの家

非対称な美しい建物。建物を縦に基壇、塔、頂部と3分割、頂部の破風を立ち上げて3種の顔を持たせた。横にも3分割しており、真ん中の出窓には雰囲気のある4人のミューズ。（クルージナポカ／Bulevardul Eroilor 42）

21 Cluj Prefecture

1905／Josef Huber

大通りの角にある店舗付住宅。直行する2つの通りに面する顔は相当に異なる。2本ずつある尖塔の間には3つに仕切られた窓と飾りがあり、ゴシック風味のする建物だ。（クルージナポカ／Bulevardul 21 Decembrie 1989 58）

22 ピアツァ・ウニアリ通りの集合住宅

小品ながら、均整の取れた良質の集合住宅。玄関と階段は張り出していて、高い（変調）。しかし、3階の丸窓、2階の角窓は4つとも同じで、この存在が建物に落ち着きを与えている。（クルージナポカ／Piața Unirii 21）

23 集合住宅

珍しいセメントレンガを使った建物。入口が長靴のようで面白い。1階に店舗用の大きな窓と壁。2〜4階は同じ形の窓、5階の腰に装飾的な垂れ壁をつける、よく練られた設計。（アラド）

24 小鳥の住宅

(アラド／Strada Elena Ghiba Birta 18)

……1910／タバコヴィッツ・エミール……

25 女神の住宅

(アラド／Strada Cloșca 4)

2つの建物ともに外壁が劣化しているが、肝心なところは残っている。小鳥と女神、表現は違っていても、これらのレリーフが建物に強烈なインパクトを持たせている。

26 波打つ住宅

典型的なレヒネル様式。左右対称で同じ窓を並べたシンプルな造りだが、平板な壁に少しの凹凸をつけ、巧みに曲線を使って世界水準に仕上げた。三角に突き出た破風もよい。(アラド／Piața Avram Iancu 9)

EL VIZON
PIELE & BLANĂ

27
ヤコブの家
1912／ラド・シャーンドル

当地に住む人気建築家が次々と世に出した作品の一つ。シンプルなデザインだが、2つの塔と2つのベイウィンドウを巧みに組み合わせた稀にみる建物。2本の縦の線が強調されている。壁がパステルカラーに塗り分けられ、カラフルな姿が印象的。壁と窓の対比に意外性があって楽しい。（トゥルグ・ムレシュ／Piața Victoriei 34）

28
トゥルグ・ムレシュ商工会議所
1910／トロツカイ・ヴィーガント・エデ&ラド・シャーンドル

スケッチの名手であるエデがシャーンドルと組んで設計した建物。塔を持ち、コーナーが丸い特徴（＊トランシルヴァニア地方に多い）の建物ならば描かずに表現できるほど得意だったエデ。この作品にも円筒形が登場する。3階部分の台形の窓は他に例がないもので印象的。（トゥルグ・ムレシュ／Strada Primăriei 1）

29 文化宮

1913／コモル&ヤコブ

次の市庁舎に隣接する建物。コモル&ヤコブが両方を設計した。市庁舎の威厳を保つために高さを抑え、代わりに外部を装飾で埋め尽くした。壁にはオペラの舞台が再現され、音楽の神を象徴する壁画がある。金箔が使用されていて、100年を超えても美しさを保っている。(トゥルグ・ムレシュ／Strada George Enescu 4)

内部はさらに豪華。窓には草花をモチーフにしたステンドグラスや、ベートーベンの彫像。天井一杯のフレスコ画にも金の塗料が使われている。

30 トゥルグ・ムレシェ市庁舎

1909／コモル&ヤコブ

旧ハプスブルク帝国領を席巻したコンビが名声を高めた初期の傑作。原則的に左右対称だが、高い塔が建物の単調さを劇的に破る。中央に大ドームを頂き、3つの塔の間には、3つの三角破風。屋根にはジョルナイ工房の瓦やカラーセラミックを印象的に用いている。

（トゥルグ・ムレシェ／Strada Primăriei 1）

玄関を入ると、天井はリヴ・ヴォールトを用いたゴシック風。リブ（アーチ）や手摺、壁は淡い色違いのセラミック。丸柱は大理石。

31 フェルゲンバウム・アパート

1912／ケレチ・ベーラ

ケレチ・ベーラは曲線の魔術師。彼のデザインする破風は得も言われぬカーブを描く。この建物も破風の魅力で成り立っているが、近年の改修で白く塗りつぶされ、やや平板になった。(トゥルグ・ムレシェ／Piața Trandafirilor 43)

32 教会とギムナジウム

1909／セゼッキー・ラーズロ

街の中央に向かって教会を配し、その両翼に学校を設けた大きな建物。左右対称の中心に高い塔がそびえる、ピクチャレスクを意識した設計。(ティミショアラ／Strada Piatra Craiului 8)

33 薬局ビル

1910／セゼッキー・ラーズロ

1758年に開業し、1911年に建て直した。当初は地味な色だったが、修復されてカラフルに。3階の窓の上では、ふくろうのレリーフが頑張っている。(ティミショアラ／Strada Florimund Mercy 9)

CATENA

34 シナゴーグ

1899／バウムホルン・リポート

生涯に24のシナゴーグを設計したリポートの作品。3方がほぼ同じデザインになっている。アーチ窓やバラ窓など、キリスト教の教会の特徴と、ドームや軒蛇腹などイスラム教のモスクの特徴を合わせ持っている。世界中に存在しつつも、特に決められた様式がなかったシナゴーグの方向性を示すことになった作品。（ティミショアラ／Strada Ion Luca Caragiale 1）

35 勝利広場の3連の集合住宅

（ティミショアラ／Piața Victoriei）

1912／バウムホルン・リポート（右端）、セゼッキー・ラーズロ（真ん中）

36 ダワーバック宮殿

（ティミショアラ／Piața Victoriei 4）

1913／セゼッキー・ラーズロ

広場に足を踏み入れると驚くべき壮観な景色が広がる。広く長い空間の両側に10軒以上の新様式の建物が意匠を凝らして並び建つ。圧巻はダワーバック宮殿で、大きな破風が波を打つダイナミックな曲線が魅力的。ロフラー宮殿は逆にキメ細かい設計で、2本のベイウィンドウの間に形の良いバルコニーがある。

37 ロフラー宮殿

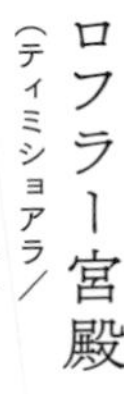

（ティミショアラ／Piața Victoriei 1）

1913

38 孔雀の館

(ティミショアラ／Strada General Henri Berthelot 4)

1904／ゲメインハート・マートン

39 孔雀の館 2

(ティミショアラ／Piața Plevnei 7)

1904／ゲメインハート・マートン

3軒並んで建つマートンの会心作。上はその左端の建物で、羽を休めた孔雀がモチーフ。周りに花が咲いている。中央の玄関からは、つるバラが上に伸びる。下は右端にあり、羽を満開に広げた有頂天の孔雀。その上のパラペットもうまい。真ん中の建物に孔雀は不在で、つるバラの茎のみが壁をつたっている。

40 ボーフス・パロタ（銀行と集合住宅）

1912／ジャーンタイ・ラヨショ

正面ではなく、コーナーが主役の建物。そこに銀行の入口がある。コーナーを立ち上げて、屋上のキューポラ（小塔）を丸柱で支える構図は、当時の流行を反映させたもの。見えていない右手と裏側にも延々と続く巨大なアパート。（アラド／Strada Vasile Goldiș 2）

41 ボーカイ・ファルカス神学高等学校

1908／バウムガルテン・シャーンドル

文化庁と協力して学校の近代化を計ったシャーンドルの慎ましい設計。横に長い正面を真っ平にして、縦長の窓を並べた。中央と両翼に平たい塔を建て、切り込みを入れて単調さを打ち破った作品。（トゥルグ・ムレシェ／Strada Bolyai 3）

42 モスコヴィッツ宮殿

1905／リマノーティ・カールマン

オラデアのスター、リマノーティの代表作。彼は異能の持ち主で、作品によって作風を変えた。この建物はまさにウィーン・セゼッション。道路に面する2面の破風を立ち上げ、2体の女性像を配置する。コーナーの塔やボウウィンドウ、張り出したバルコニーで変化をつけ、全体を花の装飾で覆っている。(オラデア／Strada Republicii 15)

43 モスコヴィッツハウス

（オラデア／Strada Vasile Alecsandri 3）

1910／ヴァーゴー・ヨゼフ&ラーズロー

44 ダーバスロチェハウス

1911／ヴァーゴー・ヨゼフ&ラーズロー

ハプスブルク帝国全域で活躍したヴァーゴー兄弟が本拠地オラデアに建てた、全く非対称の建物。中央に入口があり、その上のバルコニーにはアールデコ風の謎の美女がいる。外壁は白大理石を鉄鋲でとめたカーテンウォールで、作品はすでに近代建築に足を踏み入れている。（オラデア／Strada Iosif Vulcan 11）

居間には直線的に装飾されたマントルピースがあり、縦長の窓にはステンドグラス代わりの装飾された薄いカーテンがかかる。

45 ヴァーゴー邸

1905／ヴァーゴー・ヨゼフ&ラーズロー

黄色いカラーモルタルの外壁、丸いアーチがポップな建物。素焼風のジョルナイセラミックで特色を出している。建築家の自邸らしく、ローコストで親しみを覚える。（オラデア／Strada General Traian Moşoiu 17）

46 中央銀行

1907／リマノーティ・カールマン

左右対称で中央が高く、2つの出窓の間に円形のバルコニー。基壇（1階）を地味に、塔部（2、3階）に変化をつけ、頂部（屋根）でしめる。ニューヨークの摩天楼でも使われた手法だ。（オラデア／Piața Regele Ferdinand I）

47 リマノーティ・カールマン自邸

1903／リマノーティ・カールマン

アールヌーヴォーの名手で変幻自在の建築家が、なぜかゴシックで仕上げた。張り出した塔風の両袖、窓にはゴシックの飾り。中央に玄関があり、中世のような飾り柱がある。（オラデア／Strada Mihai Pavel）

48 スターンアパート

1908／コモル＆ヤコブ

コモルとヤコブのコンビがオラデアに設計した5つの集合住宅の一つ。角地のコーナーに大円筒を設け、張り出し窓で外壁に変化をつけている。軒下と窓囲いは装飾タイルで美しく飾る、2人の定番手法を用いた。ローコストながら可愛いらしい建物。（オラデア／Calea Republicii 10）

49 黒鷲ホテル

1908／コモル＆ヤコブ

独特の輝きを発するジョルナイ工房の彩色セラミックタイルを最大限に使用した、もはや芸術作品。ホテル、劇場、会議室、商店、レストランが、建物内中央にあるアーケードの両側に配置される複合施設。川沿いに建ち、東面の全景が水面に映えて美しい。（オラデア／Piața Unirii 4）

実に繊細な設計をされたトランシルバニア特有の尖塔。建物と塔を覆うタイルは、エオシンという釉薬を用いたもので、メタリックな光沢を持つ。

建物が内包する街路を明るく照らすアーケードに、黒鷲のステンドグラスがあり、建物の名称になっている。商店などは独立経営のもの。

50 銀行と集合住宅

1910／メンデ・バレール

アタラキタス（変形）という名を持つビル。その名が示すように左右のベイウィンドウの長さが異なり、半分だけが高い。2年後にバレールは隣の通りに左右対称で3つの三角屋根を持つ住宅を建てた。一流のジョーク。（オラデア／Strada Iosif Vulcan 8）

51 ロースアパート

1912／メンデ・バレール

上述の集合住宅。三連の三角破風と丸いバルコニーの連続性が印象的な建築史に残る作品。バレールは民族建築を芸術にまで高めようとする建築集団「フィアタロク」の会員でナショナルロマンチシズムの手法を確立した。（オラデア／Strada Vasile Alecsandri 3）

52 アストリアホテル

1905／スタリル・フェレンツ

塔のあるコーナーの入り口はレストラン用。ホテル入口は左の方にある。3、4階の窓はゴシック風味、各階のバルコニーに凹凸をつけ、屋上に小塔を林立させたユニークな建物。(オラデア／Strada Teatrului 2)

53 ポイナーアパート

1911／スタリル・フェレンツ

アストリアホテル前の建物。2階から上が迫り出す形態には奇妙な安定感がある。コーナーに丸い塔を立て、窓縁に装飾を施す手法がうまく、心地よい色合いの街のランドマーク。(オラデア／Piața Regele Ferdinand I)

54 草花の家

コモル&ヤコブ

2階建の小住宅だが、装飾を忘れないのが、コモルとヤコブ。通りに向き合う正面端に屋根と柱をつけ、壁面に燃え立つような草花のレリーフを配している。(オラデア／Aleea Ştrandului 8)

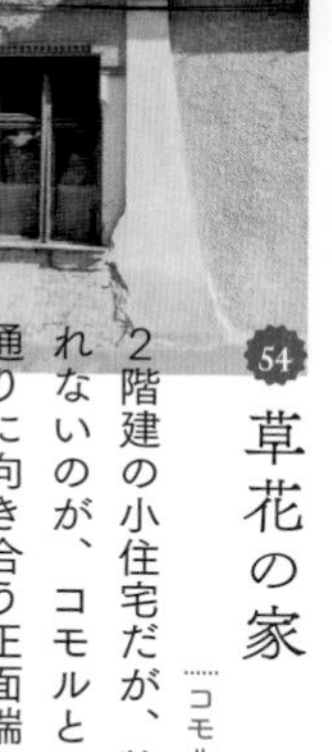

RUSSIA
ロシア

ホテル・メトロポール

55 ホテル・メトロポール

1903／V・ウォルコット

コンペによって建設された当時モスクワ最大のホテル。破風に描かれた戯曲「四季」のモザイクタイルが圧巻で、デザインホテルの先駆け。たくさんの小塔を建て、さまざまな種類のバルコニーを用い、窓の形を変化させるなどの工夫をちりばめ、それらを大壁画を中心にまとめあげるダイナミックなデザイン。（モスクワ／Teatral'nyy Proyezd, 2）

56 リャブシンスキー邸（現ゴーリキー文学博物館）

1901／フョードル・シェーフテリ

ロシア・モダンの第一人者シェーフテリが手掛けた邸宅。モスクワの個人邸宅はほとんどが取り壊され、市内に残る数少ない住宅の一つ。樹に隠れて見えないが、外壁にエデンの園の装飾が施されている。内部の各室も、海をイメージした装飾に満ちた造りで、青色が効果的に使われている。（モスクワ／Malaya Nikitskaya Ulitsa, 6）

世紀末建築の階段の中で指折りの傑作。大胆な曲線、類を見ない大型のセラミックの手摺、焚火を思わせる柱上照明。上方にステンドグラス。

57 トレチャコフ美術館

1905／カミンスキ&V・ヴァスネツォーフ

大富豪パーヴェルとセルゲイの兄弟が開いた美術館。何度か増改築が行われ、現在の建物はネオ・ロシア様式の旗手、ヴァスネツォーフによる。赤い壁、玉ねぎ型の破風、ギザギザ装飾の玄関などロシア的モチーフが満載。

(モスクワ／Lavrushinsky Ln, 10)

58 ヤロスラーブリ駅

1904／フョードル・シェーフテリ

モスクワの始発駅には終点駅の名がつく。ロシアモダンの名手が、勾配屋根や尖塔のつくナショナルロマンチシズムの手法で設計。この建物は大きな帽子のような塔があり、いかにもロシア的。窓の庇のカーブも好ましい。（モスクワ／Komsomolskaya Square, 5)

ロシアの民族的モチーフである三角帽子の庇の下に、富士山のような雪山と雲が描かれる。モチーフには他に葱坊主の形などもある。

59 旧シンガーミシン社

1904／Pavel Suzor

アメリカのシンガーミシンの旧ロシア支社。サンクトペテルブルグのランドマーク。コーナーに丸い塔があり、ガラス張りの塔上には地球儀が載り、その下には巨大な鷲の彫刻がある。外壁は花崗岩貼りで、槍を持つ戦士の像が6体も並び、今にも戦いが始まりそうな様相だ。（サンクトペテルブルグ／Nevsky pr., 28)

60

カーメンナオーストロフスキー通りの集合住宅

RUSSIA

1903／Vasily Schaub

単調な形の窓に円形の装飾をダブらせて形を整える手法を用いている。壁面が広く窓が少ない時によく使われ、効果を発揮する。

ロシア

大きな集合住宅の端の一部を他の部分と切り離し、銀行の入り口として象徴化したデザイン。デフォルメされた木と花が妙に可愛い。

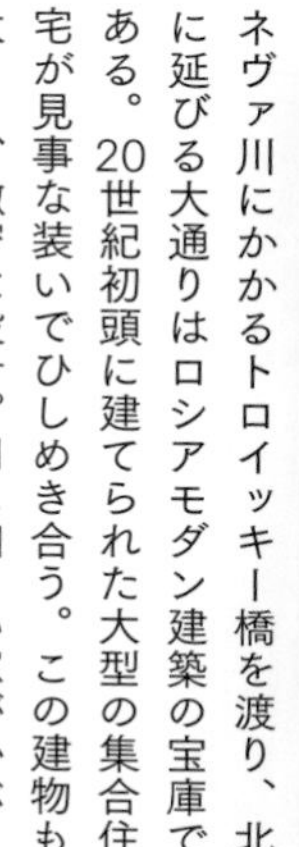

ネヴァ川にかかるトロイッキー橋を渡り、北に延びる大通りはロシアモダン建築の宝庫である。20世紀初頭に建てられた大型の集合住宅が見事な装いでひしめき合う。この建物も大きく、緻密な設計。円に四角い窓がかぶるデザインはロシアの得意技。窓周りの植物の絵も秀逸。（サンクトペテルブルグ／Kamennoostrovsky Ave, 13）

61 労働者と貴族の家

1903／Alexander Ivanov

赤の広場近くにある6階建ての大規模な集合住宅。コーナーに4本のオーダー（列柱）を持ち、窓はルネサンス風。コーナー上部の工場を描いたレリーフが、形としてはアールヌーヴォー、画題としてはボルシェビキで興味深い。（モスクワ／15/1 Mokhovaya Str. Bld. 1）

62 集合住宅

人口急増期にペテルブルグに数多く建てられた集合住宅の中で、カラータイルを使って装飾された珍しい建築。大きなベイウィンドウがまず目に入る。当時住宅によく使われた手法で、上の緑のタイルとよくマッチしている。（サンクトペテルブルグ）

UKRAINE
ウクライナ

大モスクワホテル

大モスクワホテル

63 大モスクワホテル

1904／Lev Vlodek

エカチェリーナ2世が、貿易港として開発に乗り出したオデッサ。経済・文化が急速に発展した時代に、贅を尽くして建てられたホテル。その姿は装飾に満ち、平凡な壁はどこにもない。正面の屋上まで達する2本の塔の上には地球が載り、それを守る有翼の獅子が4頭咆哮している。それぞれの柱には頭を花で飾った女性の顔がつき、柱間は植物のレリーフで埋め尽くす。劇場と見まがう大屋根の下に軒飾があり、そこにも抽象化されたライオンがいる。まさに豪華絢爛。このようなダイナミックな姿は世界に類を見ない。（オデッサ／Derybasivska Street, 29）

64 琥珀博物館

1903

元は住宅で、今は琥珀を展示する博物館。居間の窓がウィーンセゼッションばりの丸窓で、2階の角窓とセットになって建物の性格を決定している。外壁の装飾はひまわりがモチーフで、控えめだが、可愛らしいデザイン。（リヴネ／Symona Petlyury St, 17）

65 プレミアホテル

……1909／Vladimir N. Pokrovsky……

8階建ての大きなホテル。全体的に控えめな設計で、落ち着いた端正な建物。中央部分に3層を貫くベイウィンドウがあり、その上のトップ部分はアカンサスの葉の装飾のついた帯で結ばれている。窓上の破風は、花の装飾があしらわれている。（ハルキウ／Chernyshevska 66）

ホテル内のレストラン入口にある女性像。二人で軽やかにバルコニーを持ち上げる。バロック様式の時代は筋骨たくましい男性が用いられた。

66

乙女の邸宅

1902

深い並木道に静かに佇むアパート。一見して長い髪の女性像が眼に入る。髪はカールしていて、なお下に伸びて抽象化。中心にある半円形の窓を3分割する手法がうまい。大きく張り出したバルコニーが玄関上にあり、これが主役。草花の装飾で彩られ、竜のような文様もある。（オデッサ／Pushkins'ka St, 7）

67 骨太の集合住宅

最上階に突き出た一室が建物の表情を決定づけ、その上部で太い柱を梁と共に見せる。縦の柱を強調した骨太のデザイン。随所に小道具的な装飾があり、定番の女性の顔も４か所ある。（キエフ）

68 電信局

玄関や上部の破風にとんがり帽子のロシア風モチーフを使用し、あえて非対称にした外観が秀逸。キエフは、当時ロシア領だったので公共施設もロシア風になったようだ。（キエフ）

69 地球を背負うヘラクレス（リヴネ）

70 視線を惑わす女神（オデッサ）……アルフォンス・ミュシャ……

POLAND
ポーランド

71 Schycht apartments

1904／Gustaw Landau-Gutenteger

19世紀に繊維産業で発展した、ポーランド第3の都市ウッチの建物。丈の長い5階建てで、両翼を高くした大きな集合住宅。ファサード全面に装飾があり、定番の女性像、男性像、抽象化された植物、それに幾何学模様まで存在するが、それらが奇妙にマッチしている。（ウッチ／Piotrkowska 128）

72 Casa "under Gutenberg"

1896

ウッチはナチスのポーランド侵攻の標的となり、破壊された。赤い壁が美しいこの建物も復興されたものだろう。西欧とは一味違うキッチュなデザイン。壁には多くのレリーフがあり、角を生やした守り神が通りをにらんでいる。（ウッチ／Piotrkowska 86）

73 キリスト教墓地

キリスト教のお墓には十字が多いが、この街の墓地はバラエティに富む。生き様を映す慈愛に満ちた像もあれば、このように、お墓自体が花で飾られ、十字を切り込んだ優し気なものもある。よく見れば上の方にハトもいる。（ウッチ）

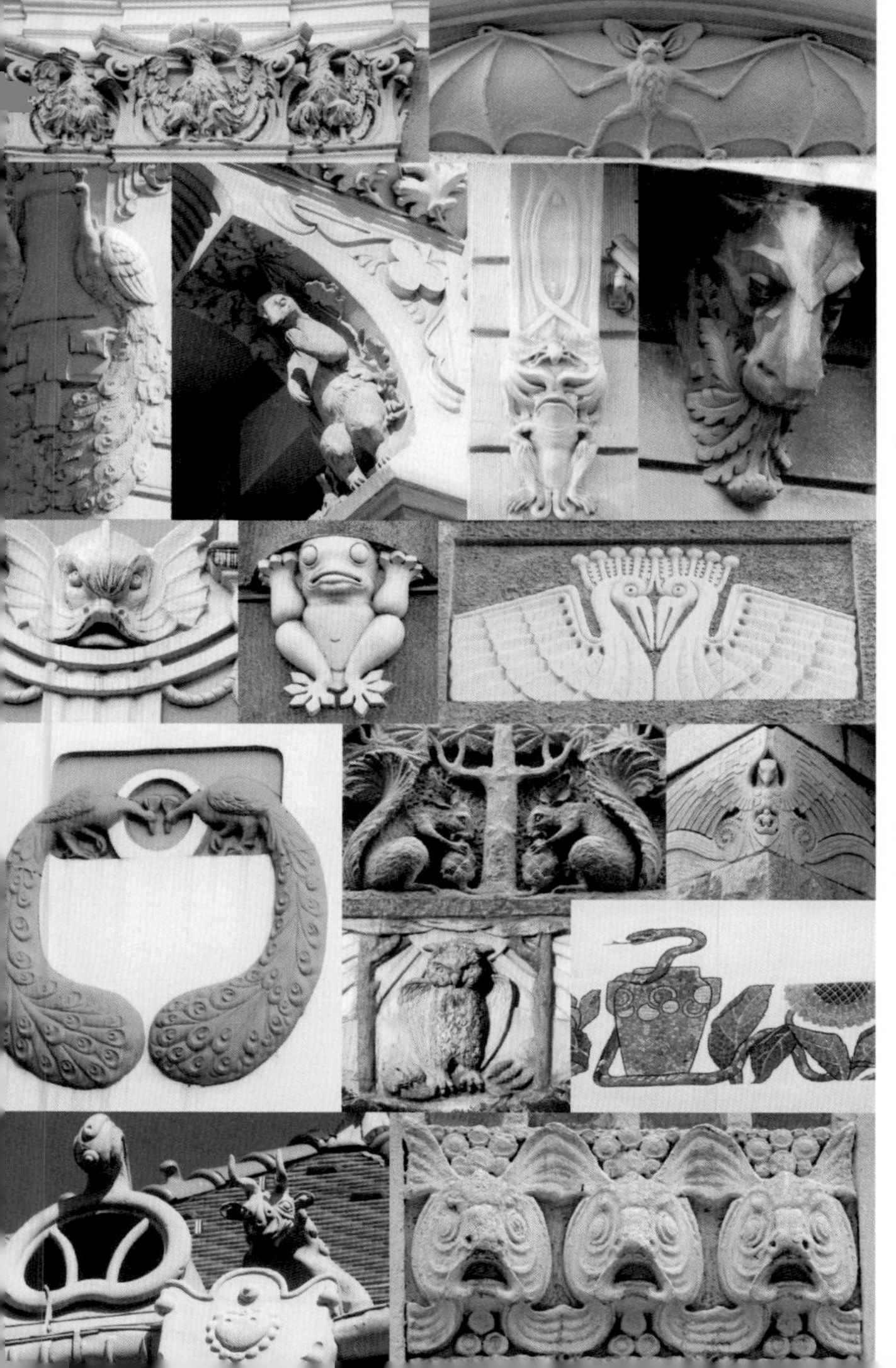

街角のアールヌーヴォー動物園

Chapter

2

中欧

CENTRAL EUROPE

デブレツェン警察（ハンガリー／デブレツェン）

HUNGARY
ハンガリー

全て異なる美しい窓のなかで、特に圧巻なのが3階の丸窓。2羽の孔雀を従えた男神の顔が、何かを言いたそうに口を開いている。

74 クールシ自邸

クールシ・アルベルト&セバスチャン・アーサー……1899／

クールシの合言葉は「アール・ヌーヴォーにロック：フォークロア」。言葉通り古典から前衛まで設計できる彼にして、自邸は最も優雅なウィーンセゼッションスタイル。高級住宅街の多い大通りにあっても、白く気高いこの建築はよく目立つ。コーナーに出入り口があり、全くの非対称。中央部を高くして、そこにデザインを集中しており、1階から4階まで全ての窓を違う形で仕上げている。頂部の破風には女神や天使を彫る2人の彫刻家が丁寧に描かれたレリーフがある。（ブダペスト／Városligeti fasor 47）

75 農業銀行

1912／クールシ・アルベルト＆キス・ゲーザ

すでにアールデコに到達していたクールシがネオルネサンス様式に戻り、100年前からそこにあったような装いで建てた壮大な銀行建築。しかしよく見ると、2階と4階の窓上や玄関の庇にヒゲじいの顔があり、柱にも3人のミューズ。古典様式を引用しながら、小道具によってスタイルを変えた珍しい建物。（ブダペスト／Nádor u. 6）

真鍮の枠とステンドグラスの玄関。扉は金色で美しく、両側は濃い大理石仕上げ。内部をより明るく見せる。天井下の両脇に2人の子供の装飾。

76 ラーコーチ86の集合住宅

（ブダペスト／Rákóczi út 86）

1909／キス・ゲーザ

77 szladits-villa

1909／ベネス・イムレ

ベネス・イムレの自邸を兼ねたアパート。全体をあっさり仕上げているが、玄関脇の居間の部分を荒削りな石で仕上げて、その対比の面白さを狙ったユニークな建物である。

(ブダペスト／Ida u. 3)

78 Titsch apartments

1909／Ferenc Fazekas

中国、雲崗の石窟寺院を思わせるアパート。同じ色のハニーストーンのみで仕上げ、他の色を使わない一途さが評価されている。最上階の破風に釈迦のような人の立ち姿がある。(ブダペスト／Váci u. 8)

79 ベデーアパート

1903／ビダー・エイミル

集合住宅の傑作。1階のドアと陳列窓に目を奪われる。上階では、大小の出窓、様々な形の窓、最上階は切れ込みの連続窓。ペントハウスには遠くからのみ見える秘密のしかけ。(ブダペスト／Honvéd u. 3)

HUNGARY

80 グレシャム・パロタ

1907／クビットネル・ジグモンド&ヴァーゴー・ヨゼフ

ドナウ川を挟み、王宮と向かい合って立つ建物。イギリスの保険会社の支店で、上階はアパートだった。中央の塔の下が入口で、そのままアーケードとなり、オフィス、住宅へと繋がる。内部はカラータイル、ステンドグラスが輝いている。威風堂々の建物で、細部に過剰なほどの石の彫刻があり、圧倒される。

(ブダペスト／5 kerület, Roosevelt tér)

ロビーはアーケードから一段上がる。両開きのドアと両袖には同じステンドグラス。ドア周りの淡いカラータイルが美しく、グレシャムの文字が浮き上がる。

81

バラバースアパート

1899／クールシ・アルベルト&セバスチャン・アーサー

まず左半分が建てられ、最上階の特徴的な破風の形や、白一色の外観が話題をさらった。右半分は少し違う形の増築。限られた面に半円の窓、四角い窓が交互に配され、それも1枚、2枚が交互になるメリハリの効いた造り。（ブダペスト／Március 15. tér 6-7）

HUNGARY

82

少女の住宅と商店ビル

1911／クールシ・アルベルト&キス・ゲーザ

通りにどっしりとした感じで立っている建物。多作のクールシの、ちょうど脂が乗ってきた頃の作品。女の子がモチーフになっていて表情がとても可愛い。アールヌーヴォー建築では少女のレリーフは実はとても少ない。（ブダペスト／Váci u. 14）

83 Burger House（集合住宅）

1908／レフラー・ベーラ&シャーンドル

2つのボウウィンドウとバルコニーを主題にした建築。形はアールデコに近いが、建物を背負うように配置された2人の男性のレリーフにはバロックの名残も感じられる。（ブダペスト／Síp u. 17）

84 ルームバッハ通りのシナゴーグ

1873／オットー・ワーグナー

ワーグナーがブダペストに建てた唯一の作品。最も古い世紀末建築の一つ。イスラム的な趣きの三連アーチ、色の違うレンガを用いただけで独自の表情を持たせたローコスト建築。（ブダペスト／Rumbach Sebestyén u., 1074）

85 Rákosi House（職人用集合住宅）

1907／István Nagy

上半分の白壁と、下半分のグレーモルタルの色分けが楽しい建物。中央のドアが秀逸で、凸型の欄間に2つの小窓がつく見たこともないデザイン。入居者を特定した市営住宅。（ブダペスト／Szűz u. 5）

ÉMIA

リスト音楽院

86 リスト音楽院

1907／コルブ・フローリシュ・ナーンドル＆ギエルグル・カールマン

バロック色の強い世紀末建築の傑作。オーダー（列柱）がデザインの中心になり、軒蛇腹がつく。中央には、鎮座するピアノの魔術師リストとそれを背負う4人の男性像がある。（ブダペスト／Liszt Ferenc tér 8）

多くの芸術家が参加して内部を飾り立てた。大理石、彩色タイル、金・銅細工、絵画などを施して、夢の世界へと誘う。

87 Kasselik House

1911／コルブ・フローリシュ＆ギエルグル・カールマン

作風を古典から近代へと徐々に変化させた2人の設計。この建物では上層は人物像などの古典風味を残しながら、下層はシンプルで近代的。1ブロックを占める巨大な集合住宅。（ブダペスト／Vörösmarty tér 3）

88 ビダー・エイミル自邸

1905／ビダー・エイミル

躯体はレンガ造だが、屋根は木造でハンガリー特有。流行が曲線のアールヌーヴォーに傾いても、この形を好む建築家は多かった。戦災で大破し、コーナーの尖塔がない。（ブダペスト／Városligeti fasor 33）

89 wel-naz Weisz House

1906／ナジイ&ベネディクト

道路に突き出した3、4階が巨大で、通りにのしかかるように建っている。非対称の階高が高いため、圧倒的な存在感がある。高架タンクと思われる屋上の円筒も効果的。（ブダペスト／Dózsa György út 19）

90 集合住宅

左右対称の建物で、ゆったりとした曲線が妙に心地よい。横線が強調されているところに目がいくが、最上階にはカラフルな植物のレリーフもちゃんと付いている。（ブダペスト／Ráday u. 22）

91 アトリエ・アパート

1902／コズトラーニィ・カーン・ジュラ

ゲレルトの丘の上に建つ大きな建物で、北面と南面のデザインが全く違う。北面のアトリエは全ての窓が大きなカーテンウォール。南面のアパートは小さな窓が規則的に並ぶ。（ブダペスト／Kelenhegyi út 12-14）

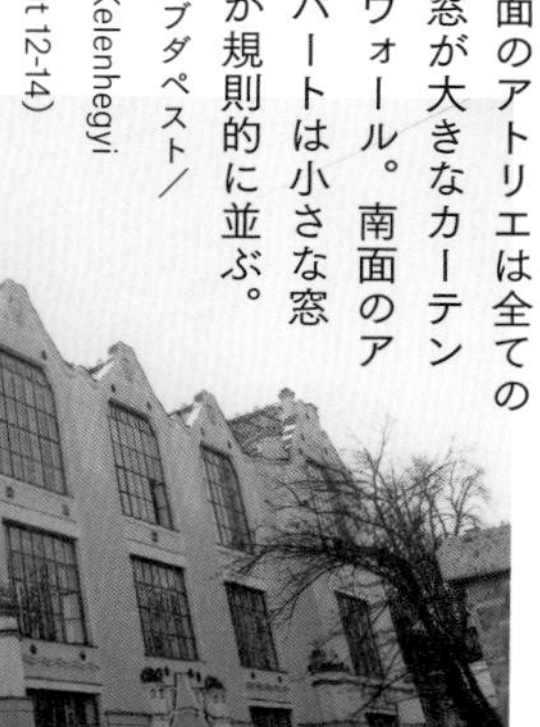

92 ライオンのいる家

1905／マトウシェク・フェレンツ

静かな住宅街にある、三角屋根の建築家の自邸。正面の塀に大きなライオンが鎮座している。両翼に2本ずつある柱に六角形の文様がついていて、ユニーク。(ブダペスト／Cházár András u. 5)

93 ドーザ通りの集合住宅

1909／ヒョードル・ジュラ

大通りに面するなかなか凝った造りの集合住宅だが、前の街路樹が育ちすぎて離れても全景がつかめない。破風やバルコニーの形もよく、たくさんの人間のレリーフがあって、もっと近くで確かめたい建物だ。(ブダペスト／Dózsa György út 64)

94 Haller House（子供の家）

1907／ヒョードル・ジュラ

4本の柱状部にある子供のレリーフを除けば、完全に近代建築のように思えるが、よく見ると破風のギザギザ、最上階の窓がゴシック風、その下の窓はアールヌーヴォーだ。（ブダペスト／Gyulai Pál u. 16）

95 Melling-naz

1911／デーネス・デジュ&メリンガ・アーチャー

端正な建物の多いブダペストにあって、これはアヴァンギャルド。左右非対称はもちろん、不釣合いに大きいボウウィンドウを配し、窓の形もてんでバラバラ。屋根も唐突についている。（ブダペスト／Ráday u. 14）

96 Steinhardt-naz

1907／ヒョードル・ジュラ

ファサードを劇場化して、装飾で埋め尽くした建物。上段の笑っている2人が「喜劇」を、下段の裸体の11人が「悲劇」を表している。依頼主は俳優だったと言われている。（ブダペスト／Alsó erdősor u. 8）

Pilsner Urquell
SÖRFORRÁS
ÉTTEREM
RESTAURAN
SÖRFORRÁS
Sörforrás Etterem
RE-PRES

97 Kralovánszky House（集合住宅）

1901／マヨロシイ・ゲーザ＆ホフハウザー・エレク

外観はゴシックの衣を纏っているが、鉄骨造のため、ゴシックにあるはずの壁柱がない。下層部ほど窓が大きく、上に行くに従って小さくなっている。天蓋を被った人物像がある。（ブダペスト／Váci u. 15）

98 出窓の集合住宅

中心のボウウィンドウがデザインを決定付けており、周囲に規則正しく窓を配置した建物。3、4階の窓の間に、同じデザインの子供のレリーフが4人ずつ取り付けられている。（ブダペスト）

99 3層の集合住宅

1902／ハイデルベルグ・シャーンドル＆ジョナス・ダヴィッド

大きくカーブした破風に、バランスの良い植物装飾がある頂部。シンプルで規則正しい窓が並ぶ塔部。荒削りな御影石貼りの壁と大窓の上に三角装飾がつく基壇部に分かれた建物。（ブダペスト／Paulay Ede u. 37）

100 地質学研究所

1899／レヒネル・エデン

安上りながら極めてデザイン性の高いレヒネルスタイル2作目。ジョルナイ工房の屋根瓦はブルーが使われ、漆喰壁を焦げ茶のレンガのボーダーであしらった。装飾にも工房の製品が多用され、アンモナイトや三葉虫、植物などのモチーフが、青色の陶板でちりばめられている。

(ブダペスト／Stefánia út 14)

建物の最上部に地球を支える4人の像があり、地質学の象徴となっている。内部のインテリアは洞窟を思わせる幻想的な造り。

101 郵便貯金局

1902／レヒネル・エデン

レヒネルスタイルを確立した建築史上重要な作品。屋根にはジョルナイ工房の色瓦が使われ、デザインの中心となるオレンジ色の窓飾りも、同じ工房のエオシン釉のセラミック。屋根の上に派手な装飾があり、弟子が「誰にも見えない」と言うと、レヒネルは「だって鳥が見るじゃないか」と答えた。（ブダペスト／Hold u. 4）

グーテンベルクアパート

102 グーテンベルク アパート

1906／ヴァーゴー兄弟

ルーマニアのオラデア生まれで、旧ハプスブルク帝国全域で活躍したヴァーゴー兄弟。大作が得意な2人はここでも、劇場を内包する大アパートを設計した。巨大だが丁寧な造り。老朽化が進むが、基部、塔部、頂部で変化させる構造、波打つ外壁デザインは、目を全く飽きさせない。（ブダペスト／Gutenberg tér 4）

103 アーケード・バザール

1909／ヴァーゴー兄弟

1階にアーケード付きの商店街（パサージュ）を持つ集合住宅。現在はホテル。外壁は、大理石を鋲で留めたシンプルな造りになっていて、近代建築に一歩踏み出した建物。（ブダペスト／Dohány u. 22)

104 バーメース・アパート

1910／レヒネル・エデン

アールヌーヴォーで頂点に達した建築装飾だったが、その後、機能性を重視する運動が起こる。装飾の天才レヒネルがその新機軸に挑戦した意欲作。石材を鋲で留めただけのシンプルな外観。（ブダペスト／Irányi u. 15)

105 レードラーアパート
（ブダペスト／Bajza u. 42）1898

106 Korányi House
（ブダペスト／Váci u. 42）1908

107 Barvch haz
（ブダペスト／Bajza u. 44）1899

バーリント・ゾルタン&ヤーンボル・ラヨショ

レヒネルの下で辣腕を振るった2人の設計。上はシンプルな窓割にセラミック飾り。最上階に狩りをする裸体の男と逃げ惑う女たちの絵。玄関には夥しい数の子供の群像。怪しいアパートで物語性がある。真ん中はアールヌーヴォー銀座ことバーチ通りで異彩を放つ建物。下はゴシック風の世紀末建築。草花の細かい装飾が全面にあり、玄関は宮殿風。

108

トルコ銀行

1906／ベーム・ヘンリク＆ヘゲデュース・アールミン

ヘゲデュースの叙情が光る、インパクト抜群の作品。建物の上方に、ミクシャ・ロートの描いたど派手な女神のスペクタクル叙事詩があり、その下には一対の有翼の女性像。中央から下部に向かう箇所は、アールデコとも言えるガラス張り。このアンバランスが凄い。(ブダペスト／Szervita tér 3)

109

ゲレルトホテル

1918／セバスチャン・アーサー&ヘゲデュース・アールミン&スターク・イシドール

コンペで選ばれた3人で設計。ヘゲデュースが中心となった。1・3ヘクタールの敷地一杯に建つ巨大な温泉とホテルで、入口は別々。横に長い建物だが、垂直線が強調され、マジャール的なむっくりした外観。ハンガリー特有のレリーフも付けられ堂々としている。(ブダペスト／Szent Gellért tér 2)

ホテルに併設の温水プール。大理石が立ち並ぶプールには天井から自然光が降り注ぎ、水面を青く照らす。まるで桃源郷のようである。

110 バーチ通り80番地の集合住宅

1912／ベーム・ヘンリク&ヘゲデュース・アールミン

1890年からコンビを組み、最後まで一緒に仕事した2人の設計。バーチ通りに立ち塞がるように建つ。2体のヘラクレスが手を組んで街を見下しているのがとてもユニーク。(ブダペスト／Váci u. 80)

111 エルジェーベト女子学院

1902／バウムガルテン・シャーンドル

レヒネルの後継者が設計。ハンガリー領内に300もの学校を建てた。費用を抑えるためにモルタル塗りの外壁にレンガの縁取りをしただけだが、レヒネル流の美しい曲線を再現した。(ブダペスト／Ajtósi Dürer sor 37)

112 盲人学校

1904／バウムガルテン・シャーンドル

上述の女学院の隣にあるが、打って変わって手の込んだ作品。レンガの縁取りは同じだが、色が濃く、破風の三角形がダイナミックで、円形のゴシック窓と見事な調和を生んだ。(ブダペスト／Ajtósi Dürer sor 39)

113 伯爵宮殿

（セゲド／Lenin krt 18-20）

1910／ライヒレ・フェレンツ

人びとの度肝を抜く人気建築家の作品。設計と施工を手掛けた彼は、自分の理想を体現できた。伯爵宮殿は通りが斜めに交差する角にあって目立ち、中央の大破風と両側の塔は遠くからも見える。正面の壁を埋め尽くすのは、ジョルナイの装飾陶器と謎の植物文様。下の自邸も角地で、破風の装飾が目を引く。

114 フェレンツ自邸

（セゲド／Szentháromság u. 2）

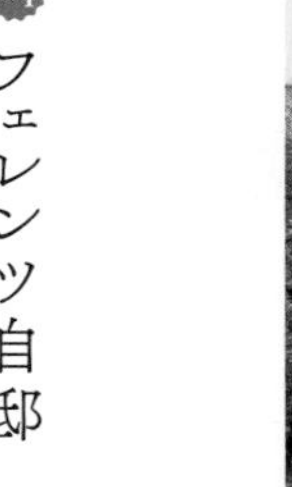

115 シナゴーグ

1904／バウムホルン・リポート

生涯に24のシナゴーグを設計したリポートの最高傑作。中央に大きな塔を持ち、ゴシック風味。正面の窓や塔を飾る三角破風に特徴がよく表れている。1867年のユダヤ人解放令以来、金融業で各都市の主導権を握る繁栄の時代を迎えたユダヤ社会に、過去の形態にとらわれない世紀末建築はうまく合致した。（セゲド／Jósika u. 10）

装飾で満ち溢れた内部。天井のキューポラ部分は格別の美しさ。天界を示す青い天井を、ゴシックのリブが分節して神々しい。

עבודה
תורה

116 レウク・パレス

1907／マジャール・エーデ

美しい建物に溢れたセゲドにあっても、ナンバー1に推す声が多い作品。エーデは、ハンガリーの別名マジャールを名に持つ設計の天才。この建物は、あやめがモチーフになっており、それを様々な形態に仕上げている。元々は集合住宅として建てられ、後に銀行となった。（セゲド／Tisza Lajos krt. 56）

117

Deutsch Palace（集合住宅）

1901／レヒネル・エデン

セゲドで唯一のレヒネルの作品。横に長い建物で、景観に配慮した市当局が外装のデザインのみを依頼した。ちょうど郵便貯金局を設計した頃で、レヒネルスタイルの確立期にあり、この建物でもジョルナイ工房の黄と青のセラミックがデザインの中心になっている。（セゲド／Dózsa u. 2）

118

アダムとイブの家

1906／クシカーズ・イムレ

ハンガリー南部にある、造形に優れた街一番の建物。アダムとイブが手を取り合っているレリーフが2対あるので、そのまま「アダムとイブ」と呼ばれている。（カポシュバール／Kontrássy u. 4）

119 ユーリカジノ

1900／シャーンディ・ジュラ

当時のカジノは富裕なユダヤ人の社交場。ジュラはブダペストの建築家だが、作品は各地にあり、レンガ建築に秀でていた。この建物も基本はレンガだが、積み残したピンクの壁面にフレスコ画で草花を描き、綺麗な対比を成している。軒樋受けが大きく張り出して、その線の連続がデザイン性を高めている。（ホードメゼーバーシャールヘイ／Zrínyi u. 1）

120 ケチケメート市庁舎

1896／レヒネル・エデン

古典主義から出発したレヒネルが、そのスタイルを大きく変えて建築界に影響を与えた作品。大破風は平面的で、屋根にジョルナイ瓦を使用。内部には、天井一杯の色タイル。（ケチケメート／Kossuth tér 1）

121

キシュクンハラス市庁舎

1907／ヒキシュ・レゾー&コータル・ベンリク

市庁舎本体と塔のバランスが良く、白とグレーのモノトーンで抑制の効いた名作。劇場も併設され、同じ配色になっている。イギリスの名陶ウェッジウッドを思わせるツルのレリーフがある。（キシュクンハラス／Hősök tere 1）

122

ペトゥーフ劇場

1908／メジャッサイ・イシュトバーン

陸屋根の建築がうまいイシュトバーンによる劇場建築の最高傑作。写真は裏手。通りから見えない箇所に最も力を注いでいて、鹿狩りの大壁画がある。入口は地下でホールは1階。（ヴェスプレム／Óvári Ferenc út 2）

地下からホールに上がる際、正面に美しい楕円のステンドグラスが現れる。道路正面の丸窓の正体に気づく、意外性のある面白い演出。

ペトゥーフホテル

123 ペトゥーフホテル

1899／コモル&ヤコブ

大成功したコンビの初期作品。ハンガリー南部の小さな街にある割合大きなホテル。平面がL字になっている。全体はピンク系の茶色で、白い壁と塗り分けられ、窓の枠は濃い青色。おとぎの国の家のような雰囲気がある。トゥルグ・ムレシェやスボティツァで見せた複雑なデザインはまだ姿を見せず、多用したジョルナイのセラミックも使われていない。（シェントス／Petőfi u. 2）

124 劇場

1909／メジャッサイ・イシュトバーン

大きな壁に施す絵画と窓、その2つのバランスを重視する構成法を使った建築の到達点を示す作品。窓はゴシック風に仕切られ、壁絵にはオペラの題材が牧歌的に描かれている。（ショプロン／Petőfi tér 1）

125 Otthon Szallo

1909／Furrer Miklos

花崗岩を鋲で止めた破風の、落ち着いた佇まい。左右対称の建物で、右側に袖をつけた「破調」のテクニックが、奥行き感を出す。2、3階に3ケ所あるドアは、木の枝模様だ。（ニーレジュハーザ／Hősök tere 7）

天井はシンプルなクリーム色だが、曲面にヒダをつけた梁の扱いがうまい。柱のコーナーが青に塗られ、天井照明と相まって美しい。

126 キシュクンフェーレジハーザ市庁舎

1911／モルヴィッツェル・ナンダール＆バース・ヨージェフ

近くのキシュクンハラスの市庁舎と打って変わって派手な市庁舎。ジョルナイの陶板と思われる草花を主題にした装飾で建物全体が覆われている。少女趣味的な芸術作品。（キシュクンフェーレジハーザ／Kossuth Lajos u. 1）

127 商業ビル

1913

市庁舎近くの商業ビルというだけで他の何もわからないが、形の良い気になるビル。正面や窓上の飾りに青いタイルが使われており、派手な市庁舎と関連があるかもしれない。（キシュクンフェーレジハーザ）

128 Hubschl Villa

1911／Hubschl Kalman

建築家カールマンの自邸。コンクリート造の住宅としては世界で最も早い部類に入る。コンクリートの可塑性を利用した近代建築だが、装飾が随所に残っている。（バーチ／Ady Endre stny. 17）

129 エゲルの住宅

デアクフェレンツ通りに北向きで8軒並ぶアールヌーヴォー様式の住宅の一つ。センターに玄関、バルコニー、三角破風を揃える。破風にキャップが載っているのが珍しい。（エゲル／Deák Ferenc u. 3）

130 三破風館

元は桶屋の建物。中央の三連の小屋根がユニーク。壁の装飾は青とオレンジの花模様で、凹凸がある。先に漆喰で凹凸をつけ、フレスコ画で描いたようだ。一目見たら忘れがたい建物。（ソルノク／Szapáry u. 28）

131 第一貯蓄銀行

1910／リマノーティ・カールマン

角地に建つ壮大な建築。列柱を多用、その全てがレリーフ付き。屋根のあるナショナルロマンチシズムの建物に珍しく派手な造形。壁と柱は赤砂岩とピンクに塗り分けられている。(デブレツェン／Piac u. 24)

132 デブレツェン警察

1915／ボルゾ・ヨージェフ

官舎を備えた警察署。驚くほど立派な玄関で、アーチには赤砂岩が使われ、扉には細かいステンドグラスがはめ込まれている。さらに腰にはエッチングを施した真鍮の飾り板。(デブレツェン／Kossuth u. 20)

133 Peacock House

1900

薄茶とグレーと白の3色だけの、シンプルにして濃厚なデザイン。4本の柱で区切られた軒下と、破風の曲線がマッチしている。柱頭にセメントとコテで形づくられた孔雀がいる。(セーケシュフェヘールバール／Kossuth u. 10)

134 グランドホテル・ブルノ

ブルノ駅前の通りにあるホテル。壁の上方一杯にミューズがフレスコ画で描かれていて、その周りをバラのレリーフが取り巻いている。天国の情景を模した絵。この面だけアールヌーヴォー。レストラン後方にあり、注意しないと見逃してしまう。他はバロック様式。

（ブルノ／Benešova 605/18）

CZECH REPUBLIC

チェコ

135 ヴェスナ女学院

1900／ユルコヴィッチ&フェイフェル

建物の中央に、金をあしらった白衣の女神が、右手に聖火、左手に本を持って飛んでいる。上方に羽を広げたワシ、下方には孔雀と鶏。学校の理想がファサードに示されている。（ブルノ／Jaselská 192/9）

136 Charlotta Deutschova apartments

1904／Max Matzenauer

3軒並んだ世紀末建築の真ん中にあるヒゲじいのアパート。長寿の象徴とされるヒゲじいだが、このおじいさんは特にユニーク。金色のヒゲを持つレリーフは滅多にない。（ブルノ／Minoritská 472/8）

137 金色のアパート

1912／B.Vodicka

プラハの次に文化財の多いオロモーツの建物。金色のモザイクタイルをバックに純白のテラコッタで作られた少女が立っている。あどけない瞳が何かを訴えているようだ。（オロモーツ／Ostružnická 351/25）

138

プラハ市民会館

1912／オズワルド・ポリーフカ&A・バルサーネク

大きな扇型の変形敷地に羽を広げるように建つ巨大建築。中央に天窓を兼ねたキューポラが立ち、その下に「プラハを称賛する」モザイク画。入口はガラスモザイクで美しく飾られる。プラハの芸術家が総動員され、ギリシャ、ビザンチン、アンピル、アールヌーヴォーまで詰め込んだ装飾で埋め尽くされた。(プラハ／nám. Republiky 5)

彫刻、絵画、ステンドグラス、人造大理石、壁紙、全て独自の一流品。ミュシャが描いた「スラブの一致」もあり、あらゆる芸術の饗宴。

139 ウ・ノヴァークの家

1904／オズワルド・ポリーフカ

過剰なまでに装飾にこだわった意欲作。壁面を埋めつくす「春」を描いた壁画は全て細かなモザイクタイル。テラコッタによるトカゲ、蛙、水仙や、細かなアイアンワークによる玄関や手摺。1階は百貨店、上は集合住宅。(プラハ／Vodičkova 30)

140 プラハ保険会社

1905／オズワルド・ポリーフカ

2つ並んで建っている、ポリーフカの代表的な商業建築の内の一つ。ここにもトカゲと蛙、それに黄金の梟。下の壁にはミューズの浮き彫りもある。堅い保険会社らしからぬ建物。(プラハ／Národní 1101/7)

141

ハナフスキー・パビリオン

1891／オットー・ヘイゼル

1891年に開催されたチェコ王国記念博覧会の会場用の建物。鉄骨造ながら美しいキューポラを持ち、バロック的装飾が施されている。今はドナウ川を臨む山の上に移築されている。(プラハ／Letenské sady 173)

142

ペテルカ邸

1899／ヤン・コチェラ

プラハの工芸大学に迎えられたコチェラの出世作。中央最上部に、石工の槌を持った半裸の女神を配し、向かい合った2人をバラの花で結んだ。近代建築に神話を持ち込んだ作品。(プラハ／Václavské nám. 12)

143 ザイスパレス

（プラハ／Wenceslas Square）

1915／Matěj Blecha

144 ウ・ドルフレルーの家

（プラハ／Na Příkopě 6）

1905／Jiří Justich

上は、カンテラを意味する「ルツェルナ」とも呼ばれる建物。塔屋がカンテラ（石油ランプ）の形をしている。破風に20ものヒゲじいがいる。下は植物をモチーフにした美しい装飾を持つ建物。改装されて輝きを取り戻した。

145 メランホテル

1901／Alois Dryák

小ぶりだが良質の正統派アールヌーヴォー。世紀末の時代、ホテルの装飾は「天国の自然」を表現するのが流行だった。このホテルもカラータイルや金貼りの手摺など、緑と金を巧みに使い分け天国を写し取っている。（プラハ／Václavské nám. 825/27）

146 ボヘミアスタイルの家

1897／フリードリッヒ・オーマン

ボヘミアとはプラハを含む西半分のこと。しかし建物のどこがボヘミア風かは不明。破風が段々になっていること、真ん中にベイウィンドウがあるところは特徴だが、前者はドイツに、後者はスイスでよく見られるスタイル。(プラハ／Ovocný trh 567/15)

147 ホテルツェントラル

1899／フリードリッヒ・オーマン

オーマンが設計し、それを引き継いだ弟子のベンデルマイヤーとドリヤークが現在のファサードに造り変えた。銀杏をモチーフにしたデザインは軽快で、プラハの盛期アールヌーヴォーを代表する建築。(プラハ／Hybernská 10)

148 Hotel Felix Zawojski（元銀行ビル） 1900／Karl Haybäck

19世紀末の銀行は大半がユダヤ資本。アールヌーヴォーが好まれ、女性の頭部のレリーフや緩やかな曲線が代表的モチーフ。（カルロヴィ・ヴァリ／Tržiště 29/9）

149 天使の家 1907

小塔を2本建て、その間をゆるいカーブの破風にして装飾を施す定番のデザイン。2人のエンジェルが向かい合い、銘板を掲げる。（プルゼニュ）

150 コロナーダ 1881／ヨセフ・ズィーテク

温泉地にある回廊をコロナーダと呼ぶ。源泉からカジノ、ホテルなどを結ぶ。この回廊は柔らかく歪曲して、竜骨をデザイン。天井絵ではクラゲの魔物がたくさんの人を襲い、羽のある勇士が弓を持っている。（ムリーンスカー・ラーズニェ／Mlýnské nábř.）

SLOVAKIA
スロヴァキア

151 ブルーチャーチ

1913／レヒネル・エデン

レヒネル流と呼ばれる曲線、曲面で構成されている。全体を青く塗り、縁取りをして白く塗り分けた姿が爽やかに人の心を打つ。キリスト教会にしては珍しく、塔が1本だけ、かつ身廊の壁を支える控え壁がないシンプルな造り。鉄筋コンクリート造と思われる。（ブラチスラヴァ／Bezručova 2）

教会内部はゴシックが多いが、ここではレヒネル流。壁と天井が一体化したブルーで、床と柱だけ濃茶。椅子までブルーだが心地よい。

152 両替決済銀行

1911／クールシ・アルベルト&キス・ゲーザ

ファサードを3分割し両翼を主役にした会心作。とは言うものの、中央に3本ある壁のトップでは金色に塗られたヘラクレスの半身像が下を睨んでいて、身が引き締まる。1階は建設当初からのレストランで、2階が銀行。(ブラチスラヴァ／Hlavné námestie 5)

153 ピンクの住宅

1904／ヨゼフ・シラー

ブラチスラヴァに3つ建てた、優れた集合住宅の一つ。レヒネル流の波形を持つが、レヒネルが使用していない赤味のあるピンク色の外観。窓廻りの白い部分に細かいヒダのある装飾がつく。中央の塔頂部が全体を引き締める。(ブラチスラヴァ／Šafárikovo námestie 75/2)

154 ロゼットホテル

1903／ヨゼフ・シラー

元々は集合住宅だが、改装されて今や人気ホテルとなった。外装は比較的シンプルだが、松茸の断面のような形の繰り返しと、椿の花弁と正体不明の茎文様が、まるで踊っているようで不思議な魅力を発している。（ブラチスラヴァ／Štúrova Ulica 15/10）

155 集合住宅

1904／ヨゼフ・シラー

中央が高く左右対称で、規則正しい窓が並んでいる。教科書通りの設計で、見どころは頂部や窓、そして入口の上に貼られたセラミックタイル。花を抽象化した模様で、金と茶と青の組み合わせが美しく、上品に見える。（ブラチスラヴァ／Sienkiewiczova 2542/4）

156 テルミアパレス

1909／ベーム・ヘンリク＆ヘゲデュース・アールミン

まさに温泉の宮殿。両翼を拡げた形で来客を迎える。造りは豪華そのもので、当時富裕層が長期滞在した。玄関の中央に羽を広げた孔雀のレリーフがあり、その隣には薄衣を纏った男女の像がある。建物の内外に装飾でないものはなく、至福の時がもたらされる。（ピエスチャニ／Winterova 1739/29）

床と壁、そして柱も大理石で、柱の四隅は銀の角飾りで彩られている。天井はそれを映してガラスのように光り、照明も映える。

157 診療所ホテル

ホテルと病院、薬局が合体した建物。下に石を積んだナショナルロマンチシズムの様式。保養地によく見られる短期入院のできるタイプの診療所である。（ピエスチャニ／Winterova 1745/41）

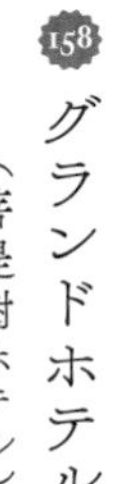

158 グランドホテル（菩提樹ホテル）

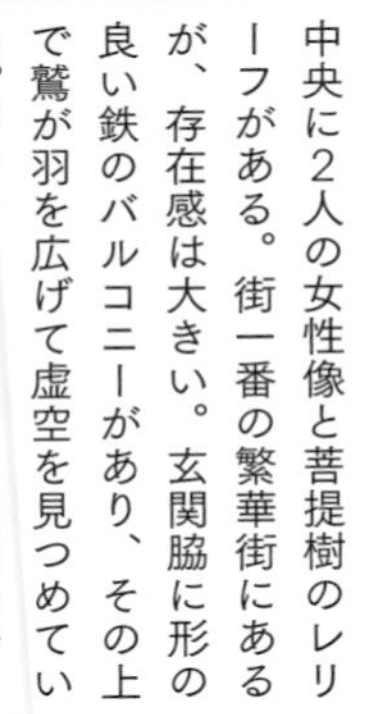

中央に2人の女性像と菩提樹のレリーフがある。街一番の繁華街にあるが、存在感は大きい。玄関脇に形の良い鉄のバルコニーがあり、その上で鷲が羽を広げて虚空を見つめている。（ピエスチャニ／Winterova 1759/24）

159 Žobrákov dom　1898

中央の三角破風を見れば中世のゴシック建築だが、1898と書かれている。その下には羽を持つ男神の像がつき、綺麗な女性のフレスコ画も描かれた、一風変わった世紀末建築。（コシチェ／Hlavná 71）

160

ホテルスラヴィア

1901

元は銀行ビル。それにしては奇妙な建物。破風にはひまわりに囲まれた円形の壁画がある。裸の女性が魔人の口から水を汲み、その脇に大きな麦を持った1人の女性。傍らにはケシの花がある。下の方の壁絵では、兎、鶏、白鳥、鴨、鶴がカラフルに描かれている。（コシチェ／Hlavná 92/63）

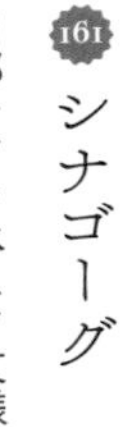

161 シナゴーグ

1898

内部をアラベスク文様で埋め尽くした、スロヴァキアで最も美しいシナゴーグ。第二次大戦前、プレショフの人口の25%を占めたユダヤ人だが、その9割は強制収容所に送られ、戻らなかった。（プレショフ／Okružná 080 01）

162 銀行ビル

1923／グラス・ヴィルモシュ

角地に立つ、2つのドームを持つ建物。4体の人物像の下に、飛行機、蒸気機関車、蒸気船のレリーフがあり、発展の時代を支える銀行の気概を今なお示している。（プレショフ／IV cerveny Armady 1）

SLOVENIA
スロベニア

163 ハウプトマンハウス

1904／シリル・メトッド・コック

既存のビルを改修した建物。5階建てを3層に分け、下2階は元のまま、3、4階は白基調で少しずつ装飾が増す。最上階が圧巻で、広く張り出した屋根の下に、茶と青と白の幾何学模様が満載。遠くから見ると全体が白く見えるが、近づくに従って装飾が目立ってくる仕掛け。

（リュブリアナ／Wolfova ulica 2）

164 保険会社ビル

……1930／ヨージェ・プレチニック……

古典を研究し、近代に挑んだプレチニックらしい作品。1、2階はシンプルな大理石貼りで、近代的。3～5層は、レンガ色のタイルを貼られた円柱で埋め尽くされている。柱間にある石造りの手摺は花瓶型のバロック。中でも見どころは軒装飾で、全ての円柱の上に抽象化された人物像があり、手を拡げている。（リュブリアナ／Miklošičeva cesta 19）

165 会議広場の街灯

……ヨージェ・プレチニック……

166 国立大学図書館

（リュブリアナ／Turjaška ulica 1）

……1941／ヨージェ・プレチニック……

CROATIA
クロアチア

167 硫黄温泉

1903／カミロ・トンチッチ

アドリア海を臨む港町スプリット。中世的な街並みの中に一軒だけある異質な世紀末建築。クロアチアは旧ハプスブルク帝国領。ウィーンセゼッションがここまで届いた証だ。バランスの良い建物で、バスタオルを肩にかけた半身像4体が何かを言いたそうにしている。（スプリット／Marmontova ul. 4）

溢れる空想、躍動する幻獣

Chapter

3

南欧

SOUTHERN EUROPE

ランプレーデ邸（イタリア／フィレンツェ）

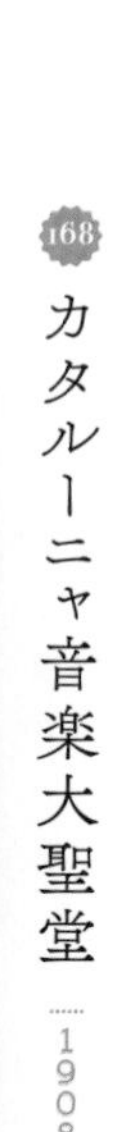

168 カタルーニャ音楽大聖堂

1908／ルイス・ドメネク・イ・モンタネル

ドメネク最盛期の作品。北欧神話「ワルキューレ」をテーマとして設計した。天井には薔薇のイメージの大ステンドグラス。オーディトリアムは2階にあり、周囲には驚くべき情景が展開している。舞台の袖からは奔馬が跳び出している。

（バルセロナ／Palau de la Música Catalana）

169

カサ・リィエオー・モレラ

1905／ルイス・ドメネク・イ・モンタネル

円柱で仕切られた2つの横長の窓の間にある円形の窓が見所。細かい枝を持ったぶどうの木で囲まれ、円の中に2人の女性。バルコニーには有翼のグリフォン、両脇に竜、その上に無数の蛇と花。夥しい人と動植物の楽園。

(バルセロナ／Passeig de Gràcia, 35)

170

サン・パウ病院

1912／ルイス・ドメネク・イ・モンタネル

銀行家パウ・ジルが建設した、計30棟にも及ぶ大病院。キリストとイスラム文化を融合させた伝統的ムデハル様式で建てられた。内外に花や天使、動物の彫刻や装飾タイルが飾られ、色彩はピンクや黄色が多用されている。

(バルセロナ／Sant Antoni Maria Claret 67-171)

171 カサ・プンシェス

1905／ジョゼップ・プーチ・イ・カダファルク

二又に分かれる大通りに立ちはだかる3世帯住宅。作者の3人の娘の個性を表したのか、建物は方向により顔が違う。正面は円塔が2本立つが、側面は三角。レンガの積み方が出色だ。（バルセロナ／Avinguda Diagonal, 420）

172 カサ・アマトリエル

1900／ジョゼップ・プーチ・イ・カダファルク

30歳で手掛けた改修工事。平たい壁に種類の違う窓を切り込み、北欧風の三角破風を装飾で飾りたてた。優れたこの建築が、後に隣家の改修におけるガウディの才能の爆発を促した。（バルセロナ／Passeig de Gràcia 41）

173 カドラス邸

1906／ジョゼップ・プーチ・イ・カダファルク

装飾に満ちた、貴族の住宅。上方に9頭のガーゴイル（樋の守り神）。軒下には数匹のハゲドラゴンがいる。上に行くほど窓の形が変わり、最上階はドーマー（屋根窓）になっている。（バルセロナ／Avinguda Diagonal, 373）

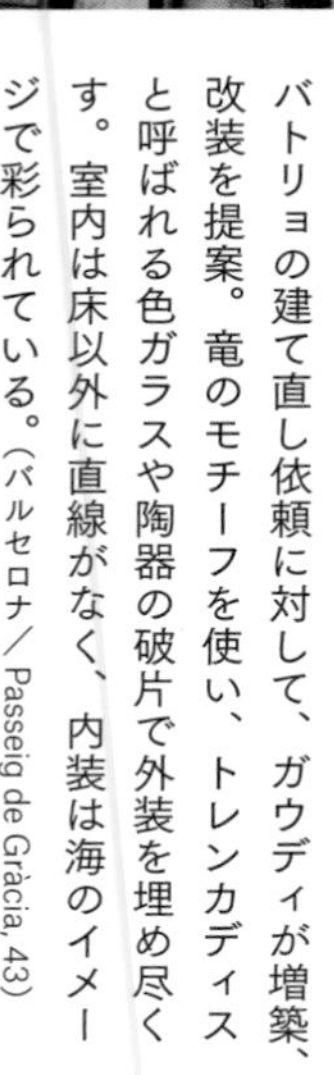

174 エルカプリチョ（奇想館）

1885／アントニ・ガウディ

規格化されたひまわりの花と葉の化粧タイルがちりばめられた作品。作者の装飾へのこだわりが全面に出ている。遠隔地のため、図面と模型だけで友人に工事監理を依頼して完成させた。（バルセロナ／Barrio Sobrellano）

175 カサ・ヴィセンス

1888／アントニ・ガウディ

ガウディ、初期の建築。すでに完全性への志向が窺える。イスラムとキリストが融合する伝統的ムデハル様式を採用しつつ、全体にはカラータイル。内部は花や動物の装飾で溢れる。（バルセロナ／Carrer de les Carolines, 20）

176 カサ・バトリョ

1906／アントニ・ガウディ

バトリョの建て直し依頼に対して、ガウディが増築、改装を提案。竜のモチーフを使い、トレンカディスと呼ばれる色ガラスや陶器の破片で外装を埋め尽くす。室内は床以外に直線がなく、内装は海のイメージで彩られている。（バルセロナ／Passeig de Gràcia, 43）

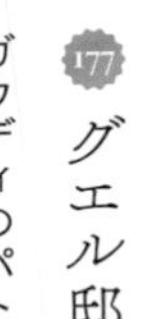

177 グエル邸

1889／アントニ・ガウディ

ガウディのパトロン、グエルの邸宅。中央に屋上までの吹抜けがあり、部屋はその周囲に配置されている。天井にはステンドグラスがはめ込まれ、まるで夜の星空のよう。屋上には陶片で飾られた煙突が19本もある。（バルセロナ／Carrer Nou de la Rambla, 3-5）

178 サグラダ・ファミリア

1882／アントニ・ガウディ

現在も建設が続くキリスト教会。他に類を見ない石積の構造で、キリストの教義を具象化した彫刻が満載。生前に完成した「ご誕生の門」の4本の塔の他に、2つの門、中央の身廊、高さ172mのイエスの塔を建設中。（バルセロナ／Carrer de Mallorca, 401）

179

マシア・ネグラ

1926／ジュゼップ・マリア・ジュジョール

17世紀の農家の改装。3階を増築し、屋根の不整形のカーブが全体を取りまとめる。ファサードの壁そのものをキャンバスに見立て装飾した。その中心は玄関上の逆台形の窓。右が祭壇天井の、左が階段天井の装飾である。（サン・ジョアン・デスピ／Plaça de Catalunya, 1）

ガウディに「ジュジョールよ。君の好きなようにやりたまえ」と言わしめ、色彩部分を全て任された才能が内外で発揮されている。

180

ラ・クレウ館

1916／ジュゼップ・マリア・ジュジョール

5つの大きさの違う卵状のシリンダーを組み合わせた建物。「卵の塔」と名がついた。屋根やドームはガラスの細片がはめ込まれていたが、娘のテクラによってモザイクタイルに貼り直された。(サン・ジョアン・デスピ／Passeig de Canalies, 14)

181

カサ・デラ・パパリィヨナ

1912／ジョゼップ・グラネ・プラト

建物の最上階のまるまる1階分を占める蝶の大レリーフがある。たくさんの色のモザイクで作られていて、凹凸も激しい。パパリィヨナは蝶の意味。蛾ではないかと言う人もいる。(バルセロナ／Carrer de Llança, 20)

182

カサ・ボファルイ

1931／ジュゼップ・マリア・ジュジョール

17年間100km離れた土地へ通い、廃材で農家を蘇らせた。中央にゴシック風の赤い列柱が続き、両端は上塗のはげた壁。芯を外した高い塔にはドン・キホーテらしき人が立つ。(タラゴナ／Carrer Major, 11)

183 ウリア通り29番地の集合住宅

鉄とガラスの近代建築なのに、凄まじい装飾が中世まで引き戻す。無数の列柱の柱頭にはコリント式の装飾、アーチ型のペディメントには裸の女性像。世界に稀な不思議な建築。（オビエド／Calle Uria, 29）

184 集合住宅

出窓とその上端の演台＝トリビューンが特徴。右半分がその両方を備え、黒で引き締める。左半分は黄土色のレンガで色調を変え、窓上の石の庇が重厚。軽さと重さを融合した秀作。（オビエド）

185 ウリア通り48番地の集合住宅

600年間オスマントルコに支配されたスペイン。僅かに残った領地の首都オビエドには、この種の建物が多い。両側の出窓と、中央の装飾に満ちた庇と小窓の対比が見所。左右対称で美しい。（オビエド／Calle Uria, 48）

186 カサ・コマラット

1911／サルバドール・バレリ・ププルーリィ

最上階の眼の形をした窓が、不思議な表現で5分割されている。具象とも抽象とも言えないそのマッス（まとまり）があまりに力強く印象的だが、バルコニーや緑の屋根も美しく飾られている。この建物は裏道にも伸びていて、そちら側は全く近代的なカーテンウォールである。（バルセロナ／av.de la diagonal442）

187 カサ・ミラ

1910／アントニ・ガウディ

カサ・バトリョの向かいに建つ集合住宅。波打つ外壁はモンセラットの山がモデル。鋳鉄の手摺も独特の美しさ。屋上には宇宙人とも思える多数の煙突が林立する。（バルセロナ／Calle Provenza, 261-265）

PORTUGAL
ポルトガル

188
農協ビル
1913／Ernesto Korrodi

運河に向かって建つ、高さの揃った3棟。規則的に配置された窓を繰り形が曲線を描いて囲み、残った平面を茶色の陶板が飾っている。植物文様が焼きこまれた15㎝四方の陶板は、組み合わされてキャンバスのようだ。（アヴェイロ／R. João Mendonça 9-11）

189
カサ・デ・ハビタシオ

窓上に描かれたヒナゲシの花が可愛い建物。銘板があり、カルメル派の女子修道院とある。現在は集合住宅。名前は「植物の自生地」を意味している。（ポルト／R. de Cândido dos Reis 77-79）

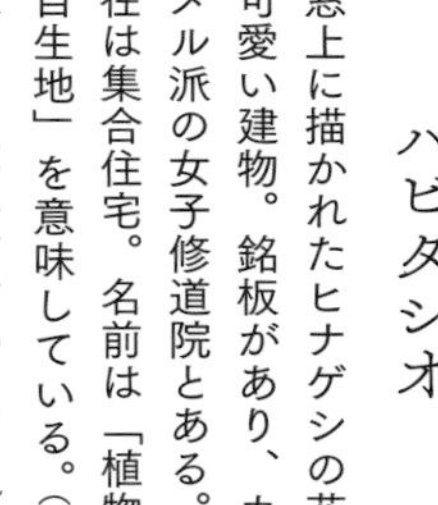

190 アヴェイロ駅

アズレージョと呼ばれるコバルト由来の陶板で飾られた駅。陶板を、白一色の漆喰壁、軒下や立上りなどに部分的に貼ることによって上品な視覚的効果を出している。右下方の大きな壁にはアヴェイロの風景が描かれる。（アヴェイロ／R. do Dr. João de Moura 2）

PORTUGAL

191 Casa dos Ovos Moles（卵の家）

1923

アヴェイロ市内に掘られた運河に面した建物。屋上の破風の2つの開口が卵を思わせ、その形が決定的にこの建物を特徴づけている。磨き抜かれた、たった一つのデザインが建物を非凡なものにした成功例。（アヴェイロ／R. João Mendonça 24）

192 アールヌーヴォー美術館

1909／Francisco Augusto da Silva Rocha & Ernesto Korrodi

個人住宅を美術館にした建物。中央を高くしてペントハウスとし、その上には鷲の彫刻。建物全体に細かい装飾が施され、一階の鉄の装飾も美しい。裏通りにも面するが、そちらは一面ブルーの全く別の顔をしている。（アヴェイロ／R. Dr. Barbosa de Magalhães 9）

193

レロ・エ・イルマオン書店

1881／Francisco Xavier Esteves

世界で一番美しいと言われる書店。入場料を取ることでも有名である。中央の破風、横の小塔、玄関のアーチがゴシック、壁一面に描かれたモザイク画がアールヌーヴォー。両袖には装飾タイルの華やかな婦人像がある。（ポルト／R. das Carmelitas 144）

買物客を、本を見るより写真を撮るのに忙しくさせる木製の階段。階段の吹き抜け上の天井はステンドグラスになっている。

194 ア・ペロラ・ボルハオ（食品店）

1917

入口の両側に、お茶とコーヒーの木を持つ婦人像が描かれた装飾タイルがある。右側はペルシャ人の顔立ち。バラの花の装飾もある。建物名の「ペロラ」は「真珠」の意味。（ポルト／R. Formosa 279）

195 ガレリア・ド・パリ通りの集合住宅

1906

世界有数の美しい窓を持つ家。楕円に近い馬蹄形の窓の上と左右にある、流れるような曲線の装飾が全体を引き立てている。特殊形の窓を枠で仕切って8つに分ける手腕には驚く。（ポルト／R. da Galeria de Paris 28）

196 ホテル・アズ・アメリカ

1910／José de Pinho

大西洋に沈む夕陽を浴びる土地の特色を取入れた設計。赤い瓦屋根と白い漆喰壁の対比が美しい。モルタル細工、色タイルが要所を飾り、軒樋、窓枠の濃い青が全体を引き締める。（アヴェイロ／R. Eng. Von Haff 20）

ITALY
イタリア

197

パラッツオ・ベッリ・メレガリ

1913／ジュリオ・ウリッヒ・アラタ

角地に建つダイナミックな集合住宅。外壁に多くの素材を用い、人や動物の装飾を配して全体は一大スペクタクル。まず焼き過ぎレンガを横に貼った、湾曲した柱が目につく。柱頭には装飾タイル。童子像が最上階に取りつき、木まで生えている。2階の窓にヤギの頭。

（ミラノ／Via Cappuccini, 8）

玄関奥のステンドグラス前には、目を閉じ口を開く有翼の婦人の頭部。床は赤、黒、青、薄茶、緑の細かいモザイクタイル。壁はレンガと石。上方に金のタイルが見える。

198 ヴィラ・ロメオ

1908／ジョゼッペ・ソマルーガ

批判を浴びたパラッツォ・カスティリオーニの婦人裸像を移してきた挑戦的な作品。やはり童子像が多数配置され、玄関の2本の塔はエジプト風。評論家のボッサリーニは「イタリアリバティとはソマルーガそのものである」と説いた。（ミラノ／Via Michelangelo Buonarroti, 48）

199 パルミエリ街のアパート

1912／Giovanni Battista Carrera

角地に建つアパート。コーナーを丸い塔として、それを必要以上に高くし、バランスを崩すことで個性化を図った。塔の上の天蓋はガラス屋根だが、このペントハウスに部屋はなく、トップライトのみとなっている。（トリノ／Via Pietro Palmieri, 36）

スコット邸

1902／ピエトロ・フェノーリオ

トリノの丘の上に建つ住宅。バロック様式の柱を持つ3連の丸窓には、鋳鉄による軽快な円格子があって、気品を漂わす。濃い黄色に塗られた外壁が窓のブルー、樹木の緑と美しい対比を生んで、近代的な美を演出している。（トリノ／Corso Giovanni Lanza, 57）

201 フェノーリオ自邸

1902／ピエトロ・フェノーリオ

角地のコーナーに大きな塔を建てて飾った住宅。出窓は深く抉られ、その中のガラスは曲がりくねった鉄条で仕切られる。バルコニーの手摺もうねっていて、曲線のオンパレード。屋上の突起には目と鼻らしきものがある。（トリノ／Via Principi d'Acaja, 11）

202 Casa-galleria Vichi

1915／ジョバンニ・ミケラッツィ

ルネッサンスの街フィレンツェに恐るべきアヴァンギャルドを持ち込んで大騒ぎとなった作品。正面は馬蹄形をさらにひねった窓。その上に鷲とライオンを合わせたグリフォンが2頭、両側には胴体のない男性が月桂樹を捧げている。(フィレンツェ／Borgo Ognissanti 26)

203 ランプレーデ邸

1910／ジョバンニ・ミケラッツィ

正統派のグリフォンが玄関に2頭鎮座する美しい住宅。全体は白く平板な建物。バルコニーの上にある丸い繰り形はアールヌーヴォーの旗印。そこに竜の頭が潜んでいる。作者はウィーンのワーグナーの元で働いていた。(フィレンツェ／Via Giano della Bella, 13)

204 ヴィラ・ルッジェリ

1907／ジョゼッペ・プレガ

海辺の町にポツンと建つ異色の建築。正面にほとんど窓がなく、全面をキャンバスに鉄筋入りのモルタルで線を書く。不思議な模様は、花、海藻、天女の衣など様々な説がある。(ペーサロ／Piazzale della Libertà, 1)

205 グランドホテル・ヴィラ・イジェア

1899／エルネスト・バジーレ

映画「山猫」の監督ヴィスコンティの常宿。壁はフレスコ画で「天国の花園」の絵で埋め尽くされ、銘木の曲木で作った梁や家具が美しい。天井の照明はムカデのよう。(パレルモ／Salita Belmonte 43)

206 ブロッジ・カラチェーニ邸

1911／ジョバンニ・ミケラッツィ

当時としては珍しい鉄筋コンクリート壁式構造。馬蹄形の窓はステンドグラスで彩られている。内部は吹き抜けで、天窓に女郎蜘蛛が網を張っている。ミケラッツィの最高傑作。(フィレンツェ／Via Scipione Ammirato, 97)

長寿の祈りか、遊び心？　ヒゲじい

Chapter

北欧

NORTHERN EUROPE

旧ポリテクニック学生会館（フィンランド／ヘルシンキ）

正面にイエス・キリストの磔刑像が見て取れるが、それ以外は抽象化されている。

207 オーレスン教会

1909／Sverre Knudsen

北欧に多い勾配屋根を持つナショナルロマンチシズム様式の建物。外観は質実剛健な石造り、内部は華やかなフレスコ画やステンドグラスで飾られていて、イエス・キリストの生涯や天国を表現している。

(オーレスン／Kirkegata 22)

NORWAY
ノルウェー

208 スカンディック・オーレスン

……1905

丘の上に立つホテル。三方が道路に面していて、それぞれに表情は異なる。妻面は両端に塔を建て、切妻破風。シンプルだが端正な造りで、1階の2つのアーチがユニーク。（オーレスン／Molovegen 6）

209 花の家

……1906／Harald Krogh Stabell……

大火災の後、トロンハイム大学建築科の学生が設計したが、驚くほどの完成度。1階のアーチの窓をさらに大アーチで囲み、破風はややバロック式。蔦が這うデザインは人の顔にも見える。（オーレスン／Kirkegata 9）

210 Berentsens House（花の家Ⅱ）

……1905／Jens Zetlitz Monrad Kielland……

オーレスンには外装に花をあしらった住宅が多く、「花の家」と名付けられている。この家はひまわりをモチーフにしている。左右対称で中央を高くする設計はセオリー通り。（オーレスン／Kongens gate 12）

211 ナショナルロマンチシズムの集合住宅

この街の世紀末建築は軽快なモルタル・ペンキ塗りの家と重厚な石造りの家に分かれる。これは後者で、勾配屋根と粗面の石の壁、規則正しい窓の配列に塔、とバランスの良い建物。（オーレスン／Kirkegata 19）

212 住宅

1905／Karl Martin Norum

上下2つの窓にシンプルな縁取りをしたオシャレな住宅。2階の丸い曲線の中を変え、白い縁取りで淡いブルーを囲む。1階の窓飾りの曲線も目に優しい。（オーレスン／Kongens gate 25）

213 丘の住宅

1907／Carl Michalsen

北海を臨む丘の上に建つ住宅。ウィーンのオルブリッヒ作と見まがう出来栄え。南面する屋根の破風部分に、髪の長い女性の顔がある。美しい女性像は建築の永遠のテーマだ。（オーレスン／Kirkegata 31）

214

ベルゲン駅

1913／Jens Zetlitz Monrad Kielland

首都オスロ発のベルゲン鉄道の終着駅。堂々とした正面で、褐色の石造りの佇まいも安定感たっぷり。上半分が台形になっている窓枠の白い色が港町であることを連想させる。（ベルゲン／Strømgaten 3-9）

215

国立劇場

1909／Einar Oscar Schou

ベルゲンに3つある国立劇場のなかで最大のもの。外観のナショナルロマンチシズムとは打って変わって、ロビーや客席の天井は表現しがたい美しい模様で彩られている。（ベルゲン／Engen 1）

216

アールヌーヴォー・センター

1907／Hagbarth Schytte-Berg

街一番のナショナルロマンチシズムの建物。沿岸急行船が入るオーレスン港の一番奥にある。以前は塔の立つ角の1階部分に薬局があった。1ブロックを占める大きな建物。（オーレスン／Apotekergata 16）

タリンの中心街ピック・アルク通りにある怪しい建物。粗削りの御影石貼り。1階の大きなアーチの上に女神が2体いて、その横には真っすぐに翼を立てた竜らしきものが、梁に顎を乗せて向かい合っている。尻尾の先には水搔きも見える。東洋の龍と様相が異なる。(タリン／Pikk 18)

ESTONIA

217

Draakoni Gallery(竜のギャラリー)

1910／Jacques Rosenbaum

ESTONIA
エストニア

DENMARK
デンマーク

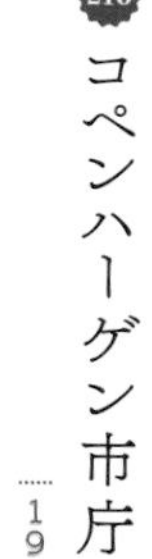

218

コペンハーゲン市庁舎

1905／マルティン・ニロップ

コンペの結果選ばれたナショナルロマンチシズム様式の建物。中世の建築のように高い塔がある。内部を吹き抜けにして天窓から採光するガレリア様式を用いているため、構造は鉄骨造。レンガをカーテンウォールのように積んで落ち着いた雰囲気を醸し出している。（コペンハーゲン／Rådhuspladsen 1）

219 グルントヴィークス教会

1940／ペダー・ヴィルヘルム＆ジャンセン・クリント

パイプオルガンの形を借りて、レンガのみで仕上げられた表現主義の傑作。時代的にはアールデコとも言える。レンガの積み方だけでこの形を表現できる手腕は超名人級。（コペンハーゲン／På Bjerget 14B）

220 メトロポール（元映画館）

1910／Anton Rosen

元は倉庫で、映画館、靴屋、衣料品店と変遷した。大理石の重厚さとガラスの軽快さの不思議な混淆。古風な柱と、その上にある樋の吐水口も不可解な相貌で、鳥の嘴のようなものが付く。とにかく怪しい気配を漂わせる。（コペンハーゲン／Frederiksberggade 16）

Impuls
HENNES

SWEDEN
スウェーデン

221 Skånes enskilda bank

1900／Gustav Wickman

19世紀後半に続々と設立された中でも最右翼の銀行の建物。相当な資金量だと窺える重厚かつ装飾的な造り。全体に赤い花崗岩が使われ、入口にはシンボリックな柱が聳える。トップにメダリオン、その上には時計が載る。（ストックホルム／Drottninggatan 5）

222 Villa Lusthusporten

1900／Carl Möller

四角い塔が立ち、玄関にトリビューン（演台）がある。主屋は直角に曲がり、高さが違う。屋根には煙突があちらこちらにある。大きなボウウィンドウもあり、ピクチャレスクな建物。（ストックホルム／Rosendalsvägen 3）

223 ティールスカ・ギャレリー

銀行家ティールの邸宅を転用した美術館の、別館にある玄関装飾。太陽を主題としたキメの細かい木彫りで、下には日時計が配置されている。（ストックホルム／Sjötullsbacken 8)

224 ストックホルム市庁舎

1923／ラグナル・エストベリ

紆余曲折を経て完成まで22年かかった。1階の列柱と2階から上のレンガ壁との対比が巧みで美しい。燭台を思わせる高い塔がどこからでも見える。ノーベル賞の授賞式を行う建物。（ストックホルム／Hantverkargatan 1)

225 Swedish Society House

1906／Carl Westman

円形の張り出し窓と角形の張り出し窓の中間となる、8角形の2分の1サイズの窓を持つ建物。ロマネスク様式より少し尖ったアーチがある正面入り口は見ごたえ抜群。（ストックホルム／Klara Östra kyrkogata 10)

LATVIA
ラトビア

226 **Boguslavsky apartments**

1906／ミハイル・エイゼンシュタイン

エイゼンシュタインが設計した、高さは同じだがデザインは全て異なる、同じ通りの5棟の集合住宅の一つ。パラペットを立ち上げ、5階建てに見せた4階建て。中間の柱の赤いラインが印象的だが、下に行くほど装飾が増える。(リガ／Alberta iela 2a)

右の写真の壁、天井、柱は化粧漆喰で塗ったフレスコ画。左は、装飾タイルの組み合わせ。100年の時を経た今も輝いている。

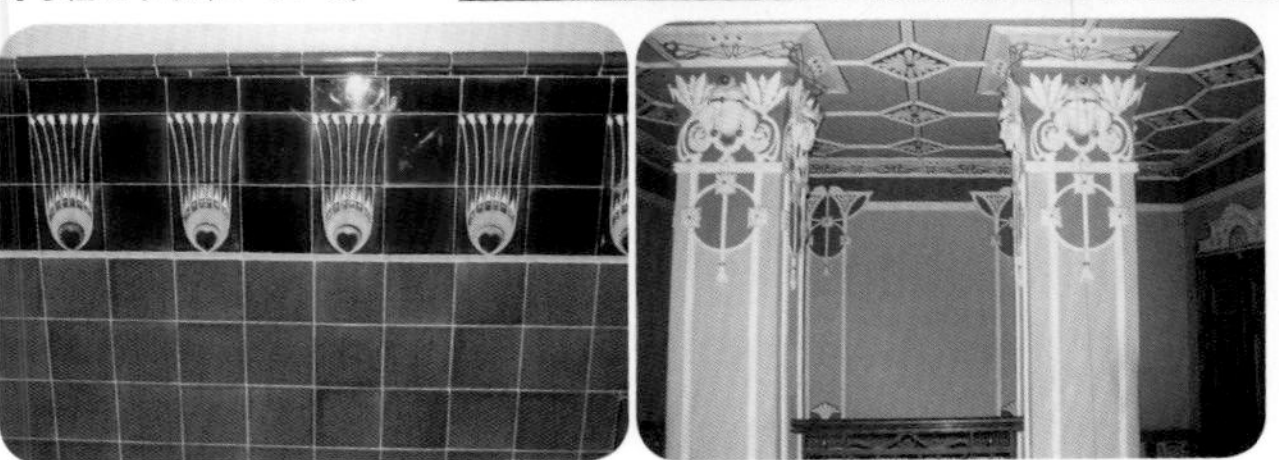

227 エリザベーテス街10Bの集合住宅

1903／ミハイル・エイゼンシュタイン

学校で建築を学んだことのない彼の独創的なアイデアが結実した建物。中央の立ち上げたパラペットに巨大な女性の横顔があり、その間に上から、大口男、孔雀、ヘルメット。混沌ぶりが天才的。(リガ／Elizabetes iela 10B)

228 Pole apartments

1903／ミハイル・エイゼンシュタイン

中央の丸窓の上には、口を開けたライオン、下には2人の怪しい男の顔がある集合住宅。パラペットには2人、柱頭に9人、中ほどに6人と合計17人の女神像が配置されている。(リガ／Alberta iela 8)

229 Lebedinsky house

1904／ミハイル・エイゼンシュタイン

最上階の馬蹄形の窓、3階の楕円形の窓が特徴的な世紀末建物。両側にデザインの異なる袖がついていて、屋根の上でライオンが咆哮している。(リガ／Alberta iela 4)

230 School of Economics

1905／ミハイル・エイゼンシュタイン

20世紀初頭に立て続けに世紀末建築を建てたミハイルが古典回帰した後期の作品。月桂冠を持った女性こそ残るが、丸と角の列柱を立て、柱頭をギリシャのコリント式とイオニア式のミックスで飾っている。窓はルネサンス風。（リガ／Strēlnieku iela 4a）

231
集合住宅

1902／K・ベークシェンス＆ Pauls Mandelštams

中央にトリビューンがあり、それを支えるパーンが2人。パーンとは半獣神のことで、上半身は牧人、下半身は山羊。陽気で好色な男性のはずだが、ここでは左が女性で珍しい。（リガ／Smilšu iela 2）

232
エリザベーテス街10Aの集合住宅

1903／K・ベークシェンス＆ミハイル・エイゼンシュタイン

中央窓の下にライオン、その上に男性と女性の顔、装飾に包まれた美女。楕円崩しの窓はアールヌーヴォーで、その下の3連の窓はルネッサンス、左上の各窓には植物の装飾もある。デザインし尽くした建物。（リガ／Elizabetes iela 10A）

233
Bobrov apartments

1902／Heinrihs Šēls & Fridrihs Šefels

全面に装飾を施したアパートのエントランス。鏡を見る美女の茶色のレリーフを軸に、間の壁にはケシの花のフレスコ画がある。（リガ／Smilšu iela 8）

234 カフェと集合住宅

1903／Pauls Mandelštams

花と樹木のデザイン、色使い、形はフランスのナンシーでよく見られるもの。この建物が北の国ラトビアにあることに驚く。(リガ／Kalēju iela 23)

235 Pēkšēns House（アールヌーヴォー美術館）

1903／K・ベークシェンス＆E・ラウベ

ナショナルロマンチシズムの建物だが、左方の三角破風に段々が付いていて民俗風でもある。よく目立つコーナーの塔の下に小塔を付け、さらにドーマーの窓まで付けた凝った作り。(リガ／Alberta iela 12)

FINLAND
フィンランド

236 Michael's Church

1905／ラルシュ・ソンク

まだ学生だった23歳のソンクの、コンペで選ばれた設計。開口部の上端は先細りになるネオゴシック様式。正面の大きなバラ窓の下の3連の尖塔アーチが美しい。左右対称で2本の塔が建つ従来の教会建築と異なり、1本の塔だけ。内装は友人のワルター・ユングが担当し、民族的モチーフで飾られている。（トゥルク／Puistokatu 16）

237 タンペレ大聖堂

1907／ラルシュ・ソンク

ミカエル教会の工事中に再びコンペ当選したソンクの出世作。御影石の切石で仕上げ、重厚。T字型の平面で身廊の控え壁がない巧みな設計。先細りの3連の開口があちこちに顔を出す。（タンペレ／Rautatienkatu 4）

238 エイラ病院&住宅

1905／ラルシュ・ソンク

院長の住宅。中央に円い塔を建て、右にトリビューン、左にベイウィンドウ。外壁は下から切石、ゴロタ石、レンガ、色モルタルと順番に軽くなる。2階の窓は全てステンドグラス。（ヘルシンキ／25 Skepparegatan）

デフォルメされた男２人の顔が２対あり、その上に枝を結びあった塔。柱頭には熊が数匹。奥にゴシックの美しいドアも見えている。

ポヒョラ保険会社

POHJOLA

239 ポヒョラ保険会社

1901／エリエール・サーリネン＆Herman Gesellius & Armas Lindgren

上層を軽く、中層はほどほどに、基壇は大きな切石で重厚にした、計算し尽された設計。外壁の各所にデフォルメされた石造りの人間の顔、熊、梟、ねずみなどが無数にある。（ヘルシンキ／Aleksanterinkatu 44）

240 ヘルシンキ電話会社

1905／ラルシュ・ソンク

坂道に建つオフィスビル。全面を石のマッス（かたまり）と捉え、中心に円柱を立てる。外壁の石は大きさを変え、さらに色違いをモザイク状に積んでおり、近寄ると変化に富む。（ヘルシンキ／Korkeavuorenkatu 35）

241 抵当融資銀行

1908／ラルシュ・ソンク

数珠のようなヒダをつけた木製のドア。上部の欄間に木彫りの装飾をつけ、十字形の金物でアクセントをつけている。（ヘルシンキ／Eteläesplanadi 16）

入口の両側にある、照明を持った筋骨たくましい男性像。隣国から絶えず侵略を受けた独立国家の矜持を示している。

242 ヘルシンキ中央駅

1914／エリエール・サーリネン

終着駅の線路をU型に取り囲んだ駅舎。正面はアーチと高い時計塔で構成。外壁は赤い御影石。同時期に手がけた国立博物館の塔に酷似していると批判され、現在の形に変更した。（ヘルシンキ／Rautatientori 1）

243 国立博物館

1910／エリエール・サーリネン＆Herman Gesellius & Armas Lindgren

コンペで当選した3人の共同事務所の設計。ナショナルロマンチシズム様式。ゴシックの教会のようにすっくと立つ高い塔が特徴で、L字型の展示場は中央のホールで繋がっている。（ヘルシンキ／Mannerheimintie 34）

今はホテルになっているロビーは誰でも見学できる。天井がアーチ式になっていて、古代原住民の渦巻き模様で彩られている。

244 旧ポリテクニック学生会館

1903／カール・リンダール＆ワルター・トメー

ナショナルロマンチシズムの傑作。割石膚の黒御影を荒々しく積んだ外壁。1階の開口はゴシックで2箇所にある大小の尖塔が全体を引き締める。2階の格子窓が端正で美しい。（ヘルシンキ／Lönnrotinkatu 29）

245 国立劇場

1902／オンニ・タルヤネン

中央駅前広場に面して細長い敷地に建っている。左右対称の端正な造り。開口部はロマネスクアーチが基本。古代フィンランド語を使った演劇が上演されている。（ヘルシンキ／Läntinen Teatterikuja 1）

246 樹とレンガの家

赤レンガの壁に白い御影石の楣（まぐさ）をつけた美しい集合住宅。三角破風の頂部に樹のレリーフをつけ、その下に意匠の異なる3連の窓が配置されている。（ヘルシンキ）

247 ナショナルロマンチシズムの塔

塔の先端部分を切り分けて骨太の短柱をはめ込んだ、フィンランドでよく使われる手法を用いた。力強い視覚効果があり、サーリネンやソンクもよく使用した。（ヘルシンキ）

248 ウーシマー地方学生会館

1902／K・ホード・セーゲルスタード

非対称の建築で、道路に面する平たい外壁をうまく分割してデザインした。校舎の半分を高くして、低層に移る場所に丸い小塔をつける。低い方に小さな三角破風がつく。（ヘルシンキ）

都会に出現するジャングル　植物

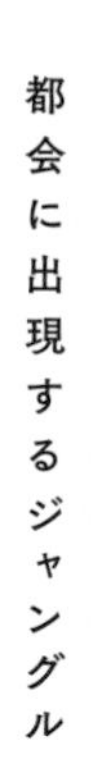

Chapter

5

西欧

WESTERN EUROPE

ラップ大通り29番地の集合住宅（フランス／パリ）

FRANCE
フランス

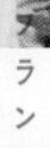

249

ラップ大通り29番地の集合住宅

1901／ジュール・ラヴィロット

1901年のパリ市のファサード賞を受賞した建物。6階建ての各階の表情すべてが異なる。6階は紫の屋根にドーマーの窓。5階は緑の列柱、4階は大アーチの窓、3階は落ち着いたデザイン、2階は連続アーチの窓、そして1階入口は女性器を模している。全面に彫刻を施したスキャンダラスな建物はパリっ子の度肝を抜いた。（パリ／29 Avenue Rapp）

入口は女性を表しているが、玄関ドアには逆に男性のシンボルがある。意表をつくデザインだが完成度は高く、パリでは芸術として捉えられた。

250 プランタン

人口が急増した19世紀末に次々とオープンした百貨店。その口火を切ったプランタンの大空間の大屋根を、1901年、万博で発達したガラスで覆った。その全てがステンドグラス。微妙に色分けされた色ガラスを通る太陽光は優しく魅力的。（パリ／102 Rue de Provence）

251 セラミックホテル

1904／ジュール・ラヴィロット

ラップ大通りに続く設計だがおとなしい。外壁は同じ乳白色の炻器タイルで、その壁や柱から羊歯が這い上がってゆくデザイン。パリの高さ制限は6階で、この建物は8階建て。7、8階の階高を低くし、後退させて制限をクリアした。（パリ／34 Avenue de Wagram）

252 ブランダン曹長大通り30番地の住宅

1902／エミール・アンドレ

日本画家の高島北海からジャポニズムを学んだアンドレの設計。大きくうねる屋根が特徴的。街路樹に隠れた半円形の居間の窓があり、壁には鳥の絵が描かれている。（ナンシー／30 Rue Sergent Blandan）

253 メゾン1906

1906／シーザー・ペイン

通りに3軒並ぶ、ペインの設計した集合住宅の一つ。中央の木のアーチはロレーヌ地方独特のもの。窓のマグサや、花柄が描かれた壁のフレスコ画は、薄れてもなお可愛らしい。（ナンシー／24-30 Rue Félix Faure）

254 ヴァヴァン街のアパート

1912／アンリ・ソヴァージュ

ナンシーで20代から活躍した俊才ソヴァージュの作品。外壁はシンプルな白タイル貼りで、上層ほど後退するスタイル。軒裏に続く青いタイルがアクセントを与えている。（パリ／26 Rue Vavin）

255

フランクリン街のアパート

1903／オーギュスト・ペレ

近代建築の巨匠ル・コルビュジエの師ペレが、弱冠27歳で設計した事務所兼アパート。世界でも早い鉄筋コンクリート造。柱、梁には無地の陶器タイル、壁の部分には、細部に木の葉模様のタイルが貼られている。(パリ／25B Rue Benjamin Franklin)

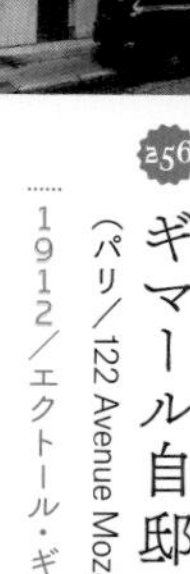

256 ギマール自邸

（パリ／122 Avenue Mozart）

1912／エクトール・ギマール

257 メトロ アベス駅

（パリ）

1900／エクトール・ギマール

258 メトロ ポルト・ドーフィヌ駅

（パリ／79 Avenue Foch）

1900／エクトール・ギマール

カステル・ベランジェ（狂った館）でデビューしたパリのスター建築家の作品。自邸は、屋上の飛び出したトップライト、変形した窓を取り込んだ集大成。植物を模したメトロの駅舎は、アーチだけ、天蓋付き、駅舎付きと3種ある。

259 Villa Lang

1905／リュシアン・ヴァイセンビュルガー

世紀末建築の聖地ナンシーで、アンドレと双璧を成したヴァイセンビュルガーの設計。造形に秀でた彼は特に住宅が得意。この建物は外壁に色違いのレンガを使い、非対称で天に向かって伸びる。その姿は他の追随を許さない。（ナンシー／1 Boulevard Georges Clemenceau）

BELGIUM
ベルギー

260 ストックレー邸

1907／ヨゼフ・ホフマン

郊外にある銀行家の自邸。設計の条件はただ一つ。「全てに一流のものを使用する」ことで、ホフマンらのウィーン工房が指名された。外装はホフマン得意の格子デザイン、内装はクリムトが描いたフリーズ、ガラスモザイクの窓。食器から庭園まで全てが一貫した思想に貫かれた傑作。（ブリュッセル／Avenue de Tervueren 279）

261

サン・シル邸

1903／ギュスタフ・ストローヴァン

間口が4mしかない驚くべき先進的なデザインの建物。わずかなスペースに機能と装飾を取り込む。最上階の丸窓は鋳鉄のサッシュによって複雑に区分され、その特異な形は度々模倣された。各階にバルコニーがつき、手摺は繊細な曲線を描いてうねる芸術品。（ブリュッセル／Square Ambiorix 11）

OLD ENGLAND

262 オールド・イングランド百貨店

1899／ポール・サントノワ

当時としてはとても珍しい、骨組みを見せない鉄とガラスのカーテンウォールの建築。ほぼ全面ガラス張りで、エレベーターと展望台を備えており、現代建築のようだ。老朽化していたがリフォームされ、現在は楽器博物館。(ブリュッセル／Rue Montagne de la Cour 2)

263 オルタ自邸

1901／ヴィクトル・オルタ

構造に鉄骨を使い、それを見出しにした軽快な外観。階段室の天井は全てガラス張りで、装飾された壁や手摺を美しく映し出す。オルタが提案した植物のモチーフと曲線のインテリアは、ブリュッセルに大反響を巻き起こした。現在は自身の美術館として公開されている。(ブリュッセル／Rue Américaine 25)

264

タッセル邸

1895／ヴィクトル・オルタ

建物の約2分の1もあるガラスのボウウィンドウが中心のデザイン。上部はトリビューン。両袖はシンプルな壁に小さな窓。それまでなかった斬新な取り合わせとして評判を呼び、最近まで世界初の世紀末建築と言われていた。(ブリュッセル／Rue Paul Emile Janson 6)

265

ジャンベルラーニ邸

1897／ポール・アンカール

平面的な壁に特徴的な窓を穿ち、残りをキャンバスに見立て、さまざまな絵を施した。世紀末建築の先駆け。2階のバルコニーで上下に分け、2つの大きな丸窓がある。最上部の連続した丸い絵は2階の窓と対をなしている。(ブリュッセル／Rue Defacqz 48)

266

コーシー自邸

1905／ポール・コーシー

コーシーは壁面彩色画家。家々のファサードをフレスコ画で満たし、それらが連なり合うことで一つの「街路の芸術」を作ろうとしていた。自邸はその最初のもの。壁面に天国のミューズが描かれている。この建物には半地下室があり、その入口は驚くほど小さく低い。（ブリュッセル／Rue des Francs 5）

ベルギー

267

住宅

コーヘレス・オジレイ通りは高級住宅街。創意に満ちた建築があふれていて、様式の展示場と呼ばれる。この建物は弓形と角形の2つの張り出し窓が揃う端正な住宅。(アントワープ／Cogels-Osylei)

268

Iris de Lischbloem

1898／T. Van den Bossche

三角屋根を持つ左右非対称の建物。2軒一緒に写る右側に建つ。大小3つのベイウィンドウの形が全て違い、それが主題になっている。左の建物と一体化しているように見える。(アントワープ／Cogels-Osylei 46)

269

De Roos

1898／ジュール・ホフマン

陸屋根の美しい建物。ステンドグラスの庇の下に少女の顔があり、周囲に白い花が咲く。バルコニーの手摺には、モルタル製の枠に優雅に折り曲げられた鋳鉄のフラットバー。(アントワープ／Cogels-Osylei 46)

270

ヴァン・ド・ヴェルド自邸

1895／アンリ・ヴァン・ド・ヴェルド

画家のヴァンが建築家に変身して作った自邸。3つの三角破風が良く目立つが、モチーフはフランドル地方のもの。玄関に大きな屋根がつき、右の袖には45度方向の違う出窓がついている。長くは使わなかった新婚の家だが、彼はここを基点に長い講演の旅に出た。(ブレーメンヴェルフ／Avenue Vanderaey 102)

271

ひまわりの家

1900／ヨゼフ・ホフマン

玄関に到る階段を除けば左右対称の建物。見所は1階の丸窓。馬蹄形にもう一つひねりがあって、そこにアールヌーヴォー特有の怪しげな紋様。左右にも蛙がひっくり返ったような得体の知れぬ紋様が。(アントワープ／Cogels-Osylei 50)

272 商店の窓

1908／Léon De Keyser

世界の美しい窓ベスト10に入ること請け合い。半円より微妙に多い開口を修正するようにカーブして上昇する枠。窓は左右に3分割されて窓とドアに分かれ、それぞれ別の意匠かつ色も違う。レンガで縁取りされ、その周りに孔雀が舞う。（ゲント／Pr. Clementinalaan 51）

273 Villa Élisabeth（集合住宅）

1909／Léon De Keyser

窓造りの名手による作品。半円の窓下にベイウィンドウ、左側にはぐっと大人しい縦長の窓が2つある。半円の窓上には孔雀が向かいあい、左の窓上には美しい婦人の顔。その下にビラ・エリザベスの文字と花柄の銘板がつく。（ゲント／Pr. Clementinalaan 86）

AUSTRIA
オーストリア

オットー・ワーグナー自邸 I

274 オットー・ワーグナー自邸Ⅱ

1913／オットー・ワーグナー

70歳を過ぎた晩年に建てた2つめの自邸。白くて四角いシンプルな建物。曲線は消え、全て直線で構成されている。屋根の深い軒の裏には、セゼッション特有の装飾がつくが、それも単純化されている。青い装飾はガラス板で、玄関上のレリーフはモザイクタイル。（ウィーン／Hüttelbergstraße 28）

275 マジョリカハウス

1899／オットー・ワーグナー

集合住宅の外壁を装飾タイルで覆いつくすことを夢みたワーグナーが、自費を投じて実現させた。イタリアのマジョリカタイルを使ったことから、この名で呼ばれる。ファサード全体がピンクの花で飾られている。（ウィーン／Linke Wienzeile 38-40）

最も密度の濃い最上部には、ライオンもデザインされていて面白い。

276

アム・シュタインホーフ教会

1907／オットー・ワーグナー

20世紀初頭のウィーンを牽引したワーグナー円熟期の作品。数十に及ぶ精神病棟の中にある教会。外壁は大理石板を銅のボルトで留める工法。金色の大ドームが上に乗る。半円アーチの窓の前に立つ4体の有翼の女性像が正面を引き締めている。ドームは撮影時は銅板に変わっていて、緑青色がかえって美しい。（ウィーン／Baumgartner Höhe 1）

277 オットー・ワーグナー自邸Ⅰ

1905／オットー・ワーグナー

列柱を配した古典的なスタイルだが、門柱にはデフォルメされた男女の顔、玄関の上には群像のレリーフ。古典から脱している。主屋の両側にはパーゴラ。すぐ隣に自邸Ⅱがある。（ウィーン／Hüttelbergstraße 26）

278 分離派会館

1898／ヨゼフ・マリア・オルブリッヒ

過去の芸術を革新しようと、画家クリムトを中心に結成した分離派（セゼッション）の拠点。球体の月桂樹を頂いた特異な外観。地下が展示場で、「第九」をモチーフとしたクリムトの大作「ベートーヴェン・フリーズ」の壁絵がある。（ウィーン／Friedrichstraße 12）

279 ツァッヒエル殺虫剤工場

1893／Karl Mayreder

セラミックタイルによって彩られたイスラム風の異色の工場。施主はワーグナーとプレチニックのスポンサー。黄金のドームとブルーのタイルは完全にイスラムのものだが、2連、3連の窓が尖塔アーチのゴシックになっていて、この建物が西洋のものであることを暗示している。(ウィーン／Nusswaldgasse 14)

280 ベックガッセの住宅

1901／ヨージェ・プレチニック

スロベニアの鬼才プレチニック。わずかに湾曲した外壁に花と茎を彫り込んだ。花は型取ったスタンプで、茎は3本線で入れただけ。1色のみのカラーモルタルによる巧みな表現。（ウィーン／Beckgasse 30）

281 カールボロメウス広場の噴水

1904／ヨージェ・プレチニック

多くの童子が支える盤上に、盛装した若き貴婦人達、聖職者にすがる人々、老いた男と女、死にゆく人。それらをぶどうの実とトカゲ、蛙、カメレオン、イグアナらが取り囲む。（ウィーン／Karl-Borromäus-Platz 3）

282 スピッツェル邸

1901／ヨゼフ・ホフマン

敷地が道路から上がっているため、建物を段上にセットバックさせ、大小2つの塔の間に平たい空間を設置した。車庫の上にパーゴラを設け、住居との一体感を狙ったうまい設計。（ウィーン）

283 **Villa Vojcsik**

1901／オットー・シェーンタール

ワーグナーシューレ（講座）の優等生で透視図に才能を示したシェーンタールの数少ない実作。深い軒、規則正しい窓割、抑制された装飾に青い窓枠。計算し尽くした美の極致。（ウィーン／Linzer Str. 375）

284 **アンカー時計**

1914／Franz von Matsch

1時間毎に皇帝や音楽家など12人が出てくる仕掛け時計。銅の青とバックの黒の上に装飾された金が、絶妙な美しさを醸す。正午には全員出てくる。画家のマッチョがデザイン。（ウィーン／Hoher Markt 10-11）

285 **アルタリアハウス**

1901／マックス・ファビアーニ

超不整形の敷地に規則正しく建つセゼッション様式の建物。奥行きの少ないベイウィンドウ12個が正確に並ぶ。窓は上下に2分割され、上部はさらに小さく格子状に分かれる。（ウィーン／Kohlmarkt 9）

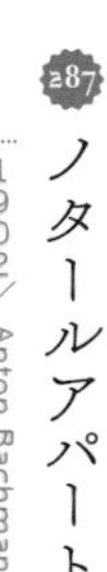

286 エンゼル薬局

1907／オスカー・ラスケ

1階のアーチ窓、2階の四角窓以外は全て真っ平の壁。この壁面一杯に2人のエンゼルと花のフレスコ画が描かれる。これぞアールヌーヴォー。アンカー時計もすぐ近くにある。(ウィーン／Bognergasse 11)

287 ノタールアパート

1902／Anton Bachmann

凱旋門すぐ前のカラフルなアパート。あまりに派手な外観がかえってミステリアスに見える。松の木、ひまわり、子供、人面をモチーフにした装飾がふんだんに使われている。(インスブルック／Leopoldstraße 2)

288 ドクターステア邸

1900／ヨゼフ・マリア・オルブリッヒ

バイエルン国王に招かれた天才オルブリッヒが旅立つ間際に設計。ギリシャ神話の治癒神アスクレピオスと蛇が描かれた3階の壁面の絵が見所。1階の壁に彼のスケッチがある。(ザンクトペルテン／Kremser G. 41)

289 Dampfbad Salurner Straße（公衆浴場）

市営の公衆浴場。通りの角から入る玄関を中心にしたうまい構成。アールデコ的な意匠だが、窓上に印象的な母子像があり、その下はすべてステンドグラスになっている。（インスブルック／Salurner Str. 6）

290 写真館ビル

真ん中にベイウィンドウがある左右対称のアパート。1階が写真館。大きなビルで壁の各所に陶板のレリーフがあり、田舎の情景と2階には幸せそうな家族の姿が描かれている。（インスブルック／Meraner Str. 3）

291 商業ビル

1900／Josef Bullmann

グラーツ市庁舎近くにある小さなアパート。2人のミューズが向かい合っていて、その周りを誇張されたひまわりの花が囲んでいる。真ん中には鈴蘭の花も見える。（グラーツ／Sporgasse 32）

292 ルートヴィヒ大公成婚記念塔

ヨゼフ・マリア・オルブリッヒ

芸術家村にある記念の塔。大公が宣誓した姿を模したという。南面の下方に美しい日時計。右下にヘットガーのモニュメントがある。(ダルムシュタット／Alexandraweg 23)

293 **Museum Künstlerkolonie**（エルンスト・ルートヴィヒ館）

1900／ヨゼフ・マリア・オルブリッヒ

オルブリッヒが設計を手がけた、芸術家村の建物の代表作。村内で制作された作品を展示する施設。ピクチャレスク的で、2人の大きな男女像の奥に入口がある。大アーチの中にも一対の黒い女神像がいて、来客を迎える。周囲の金の模様はいかにもクリムト風。（ダルムシュタット／Olbrichweg 15）

294 **Haus Deiters**（ケレル・ハウス）

1901／ヨゼフ・マリア・オルブリッヒ

芸術家村内で手掛けた、いずれもユニークな7棟の住宅の中の一つ。非対称な造形で高い塔が立ち、白壁と赤レンガの屋根の対比が異彩を放つ。楕円形の玄関ドアも秀逸。（ダルムシュタット／Mathildenhöhweg 2）

295 ヘットガー第二の家

1921／ベルンハルト・ヘットガー

芸術家村の丘の上に建つ、彫刻家が設計した彫刻的自邸。外観は4面全てが別の家のように違う。左下の台形が玄関ドアで、粗削りな木材が素朴な金物の蝶番で留められている。(ヴォルプスヴェーデ)

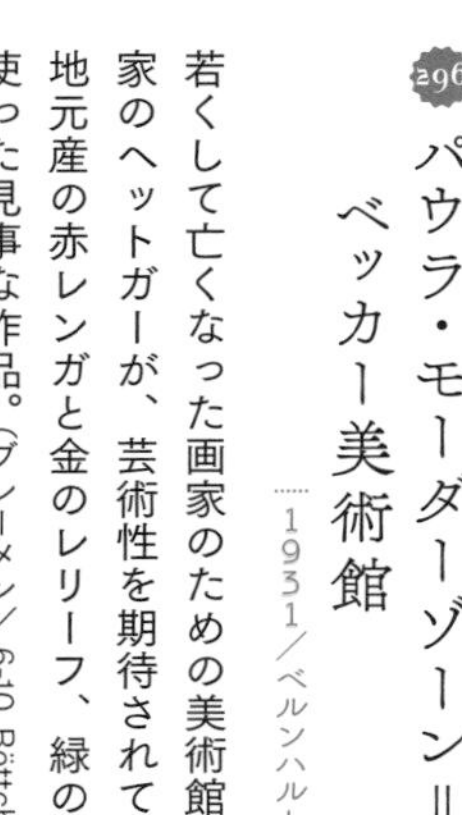

芸術家村に数多く配置されたヘットガーの彫刻の一つ。風神のような奇怪な形をしている。日本のダルマさんのような面白いものもある。

296 パウラ・モーダーゾーン＝ベッカー美術館

1931／ベルンハルト・ヘットガー

若くして亡くなった画家のための美術館。本来彫刻家のヘットガーが、芸術性を期待されて設計を担当。地元産の赤レンガと金のレリーフ、緑のモルタルを使った見事な作品。(ブレーメン／6-10, Böttcherstraße)

297 ベーレンス自邸

1901／ペーター・ベーレンス

画家から建築家へと転身した記念碑的作品。絵画的でお菓子の家のよう。玄関扉が素晴らしく、紫がかった青の平板な下地に金の装飾が横へ3本、下に放射状に広がっていく。（ダルムシュタット／Alexandraweg 17）

298 アインシュタイン塔

1924／エリッヒ・メンデルゾーン

戦場でスケッチを重ねていたエリッヒの処女作。相対性理論を実測検証する建物。あまりの曲面のためレンガ造が難しく、鉄筋コンクリートを採用。形枠造りに船大工を起用。（ポツダム／Albert-Einstein-Straße）

299 芸術ホール

1907／ハーマン・ビリング

富豪の娘と結婚してから上達し、コンペ当選した。腕を拡げた形の堂々たる外観で、少しずつ色の違う赤砂岩の外壁が心持ち良い。左右の塔に芸術を讃える4人の女神像。（マンハイム／Friedrichspl. 4）

300 クノ邸

1910／ペーター・ベーレンス

芸術家村に建つ市長邸。元画家らしく絵画的な建築を創出した。鉄の門を先にデザインし、両脇に粗石積の門柱を建てる。そこから見える風景の中に、まず中心に縦線を並べて軸を置き、それから周りに窓を配置していった。逆方向から設計を試みた作品。（ハーゲン／Haßleyer Str. 35）

301 シュプリンケンホフ

1920／フリッツ・ヘーガー

第一次大戦での敗戦からの復興期に、港町に建設された巨大な集合住宅。無数の同形の窓と装飾を兼ねた換気口が連続し、それらを斜め筋違いで結んだアブストラクトな作品。（ハンブルグ／Burchardstraße 8）

302 コットゴーゼルダムの集合住宅Ⅰ

1910／ブルーノ・タウト

ユダヤ人のタウトがベルリンに数多く設計した集合住宅の一つ。色彩崇拝主義の彼には珍しく、白い壁とレンガの控えめな装飾。下方にある大きな曲面のバルコニーと最上階の小さく湾曲して連続するバルコニーの対比が才気を示す。(ベルリン)

ドイツ

303 バーンホーフ通りの集合住宅

とてもユニークな装飾を持つ集合住宅。日本で言う鬼の面をコラージュして、その上の窓に黄色とこげ茶の飾りをかぶせた、うまい手法。由来は不明だがどきっとする建物。(エアフルト／Bahnhofstraße 9)

304 ヒルハウス（ヘリンズバラ／Upper Colquhoun St）

1904／チャールズ・レニー・マッキントッシュ

305 ウィローティールーム（グラスゴー／215 Sauchiehall St）

1904／チャールズ・レニー・マッキントッシュ

淡いピンク、淡い紫、淡いグレーは鳩色と呼ばれ、世紀末に流行した。その流れを作ったのがインテリアの天才マッキントッシュ。これらの作品がウィーンに紹介され、世界中に影響を与える端緒となった。つるばらが効果的に表現され、窓の格子などは、日本の障子を思わせる。

306 グラスゴー美術学校

1909／チャールズ・レニー・マッキントッシュ

マッキントッシュが13年にわたり関わった作品。写真は校舎の側面の最も特徴のある部分。3本のベイウィンドウが多層をなして続く。細かく区切られた窓は日本の障子の影響と言われ、こちらもその後、世界中の建築家が模倣した。（グラスゴー／167 Renfrew St）

307 レッドハウス

1860／フィリップ・ウェブ＆ウィリアム・モリス

アーツ・アンド・クラフツ運動（手作りの芸術）を提唱したモリスの新婚の家。伝統的な外観だが、玄関扉に装飾を施し、窓にはステンドグラス。手作りの家具、壁紙、ロセッティの壁画で飾った内装の、世界初の世紀末建築。（ベクスリーヒース／Red House Ln）

308 ビショップゲイト・インスティテュート

1894／チャールズ・ハリソン・タウンゼント

ロンドンの世紀末建築の第一人者の初期作品。間口の狭い敷地にもかかわらず2つの塔を建て、周囲と大きく異なる外観を持たせた。2つの塔は中世からある様式だが、壁面を彩る木の葉のレリーフが新機軸。不相応に大きい入口のアーチは彼の特徴で、しばしば登場する。(ロンドン／230 Bishopsgate)

309

ホワイトチャペル アートギャラリー

1901／チャールズ・ハリソン・タウンゼント

隣の図書館の増築。お馴染みの大アーチが主役の座で、やはりある2本の塔の先端はさらに2つに分かれる。上階の壁には金色の無数のイチョウの葉。当初、中央の広い壁には「芸術の女神」のモザイク画が予定されていた。

（ロンドン／77-82 Whitechapel High St）

310

パスモア・エドワード・セトゥルメント（現 マリーワードハウス）

1897／ダンバー・スミス＆セシル・ブリュアー

建物を上下に2分し、下にレンガを貼って安定感を与えた。ほぼ左右対称だが、ボリュームのある玄関を少しずらして破調を図る。赤レンガは「伝統」、上のガラス窓は「進歩」を表す。アーツ＆クラフツの理念を体現している。

（ロンドン／Tavistock Pl, Kings Cross）

SWITZERLAND
スイス

311

第二ゲーテヌアム

1928／ルドルフ・シュタイナー

7歳で霊感に打たれたシュタイナーは人智学を極め、哲学者、科学者、そしてゲーテの研究者でもあった。2つのドームを持つ木造の第一ゲーテヌアムを建てたが火災で焼失。コンクリート打放しの表現主義の傑作「第二」を設計した。（ドルナハ／Rüttiweg 45）

第二の周囲には、クラブハウス、エネルギー棟、いくつかの住宅が作られたが、いずれも特異な才能が発揮された高い芸術性を持つ。

312 ファレ邸

1917／ル・コルビュジエ

近代建築の創始者コルビュジエが故郷に作ったデビュー作。斜面に建つアールヌーヴォーの木造建築。後年、彼は装飾を捨て去ったが、3階の壁一杯に木の葉の装飾が広がっている。内部には良い曲線を描いた階段もある。(ラ・ショー・ド・フォン／Chemin de Pouillerel 1)

313 シュウォッブ邸

1917／ル・コルビュジエ

パリでペレに学んだコンクリート構造を初めて用いた建物。後年、コンクリート打放しを多用したコルビュジエ。この建物の外壁には一枚一枚、櫛引きの線が入ったスクラッチタイルを貼った。このタイルが大正期の日本で大流行した。(ラ・ショー・ド・フォン／Rue du Doubs)

LUXEMBOURG
ルクセンブルク

美しい黄色の外観と打って変わり、緑主体の玄関のフレスコ画。コンパスを使う子供の絵を通して、学校での成長が描かれている。

314 ヴィラ・クリビオ

1908／Mathias Martin

芸術学校の官舎。正面からだと左右対称に思えるが、よく見ると非対称。スレート屋根の黒と黄色の壁のコントラストが良い。玄関のフレスコ画も怪しくて良い図柄。（ルクセンブルク／17 Rue Goethe）

315 メゾンリンク

1903／Jean-Pierre Koenig

赤砂岩で装飾された5階建ての集合住宅。こだわりの窓が特徴で、窓廻りの柱や梁、窓枠にも装飾が彫り込まれた。白い額縁のような窓枠の中に、鉛で仕切られたステンドグラスの青の色が遠目にも美しい。（ルクセンブルク／14 Rue du Cure）

NETHERLANDS

オランダ

エイヘンハールト集合住宅

316 エイヘンハールト集合住宅

1920／ミハイル・デ・クレルク

「建物の外壁はレンガに限る」とされた当時のアムステルダム。造形の天才クレルクは、色の違うレンガを使い、貼り方を工夫し、そして数々の見たこともない形の窓を創出して巨大なアパート群を見事にまとめ上げた。その才能を惜しまれながら、39歳で天逝した。（アムステルダム／Oostzaanstraat）

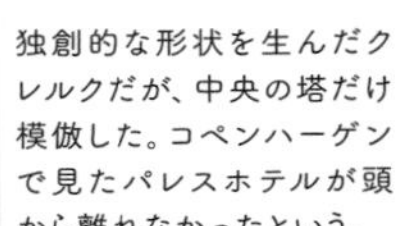

独創的な形状を生んだクレルクだが、中央の塔だけ模倣した。コペンハーゲンで見たパレスホテルが頭から離れなかったという。

317 トゥスヒンスキー劇場

1921／Louis Hijman de Jong

様々な様式を纏った美しい外観をした映画館。上に向かって高く伸びる姿とギザギザ装飾はゴシック。中央のアーチはロマネスク。国旗を掲げる旗台はアムステルダム派。縦長の窓と佇まいはアールデコである。（アムステルダム／Reguliersbreestraat 26-34）

318 アメリカンホテル

1901／ウィレム・クロムハート

エジプト風の人物像が立ち並ぶユニークなホテル。建物は5階建てで、上の3階部分にあるドーマー（小さな窓）付きの屋根がゴシック風。塔は丸いが、上方で四角に変わる。多くの設計案を残しながら実作は少ないクロムハートの代表作。（アムステルダム／Leidsekade 97）

319 旧海運協会ビル

1916／ファン・デル・メイ

暮らしと芸術を統合させようとするアムステルダム派の真髄を示す傑作。渋いレンガ貼りの外壁には随所に海を表す彫像が配置され、さらに夭逝の天才クレルクの錬鉄による装飾がちりばめられている。外観は船を思わせる形をしていて、船出を待つヴァイキング船の趣きがある。(アムステルダム／Prins Hendrikkade 108)

三角形の吹き抜けは、全て直線で構成されており、壁もシンプル。装飾的な外部と一線を画している。後のアールデコと似た所がある。

時を越えた永遠の美 ニンフ

Chapter 6

アメリカ

AMERICAS

ベジャス・アルテス宮殿（メキシコ／メキシコシティ）

ARGENTINA
アルゼンチン

スペイン病院

320 スペイン病院

1906／フリアン・ガルシア・ヌニェス

スペイン留学時の師ドメネクの教えを忠実に守った作品。コーナーに塔を建て、ドームを載せる。四隅に女性像を配し飾り立てる。塔は複数のリブで分割。縦長の窓の上にある欄間に彩色陶器を貼りつけた。元は1ブロックの大病院だったが、今は半分だけが残る。外壁も薄汚れているが、それでもなお美しい。

(ブエノスアイレス／Av. Belgrano 2963-2975)

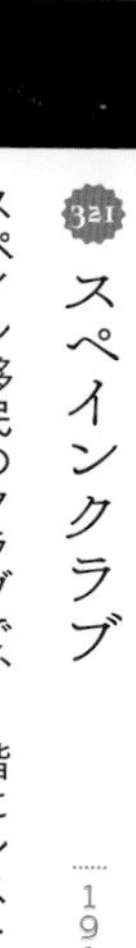

321 スペインクラブ

1911／エンリケ・フォルカース

スペイン移民のクラブで、1階にレストラン、上にカジノがある。塔上のドームと有翼の人物像がバルセロナのドメネクを思わせる。細部が素晴らしく、アーチ天井には「花と女」のモザイク画があり、壁には人物の像のレリーフ。改修によって上部の庇がなくなった。（ブエノスアイレス／Bernardo de Irigoyen 172）

ガウディ宮

1911／エンリケ・ロドリゲス・オルテガ

奇妙な建物だ。ネオバロック風のキューポラの下に「不可能な夢は無い」と書いてある。屋上にある「竜の門」は、ガウディのグエル別邸の門が、そっくりそのまま再現されているが、外から見て裏表が逆。建物の名前は「尊敬するアントニ・ガウディに」。(ブエノスアイレス／Av. Rivadavia 2009)

よく見ると、屋上の奥の方に宇宙人像が3体ある。カサミラの煙突を模したように思える。

ARGENTINA

323

百合の館

1913／エンリケ・ロドリゲス・オルテガ

ブエノスアイレスで最も有名な建物。うねるような曲面の外壁に、花を持たない蔓がのたくるように乱舞する。ガウディ宮の隣で、同じ建築家の設計。ガウディ、ドメネク、カダファルクの特異な建築が並ぶ、バルセロナの一画「不和の林檎」を1人で実践したのかもしれない。(ブエノスアイレス／Av. Rivadavia 2031)

カリセ館

324 カリセ館

1911／ビルヒニオ・コロンボ

ソマルーガの弟子にして南米のスター建築家コロンボ。師のヴィラ・ロメオに倣い、シンメトリーな外観に二対のニンフ、夥しい小天使をあしらい、外壁は彫刻で埋め尽くした。師がミラノで問題視された、男女が絡み合うレリーフを正面上方に大胆に配置している。（ブエノスアイレス／Av. Hipólito Yrigoyen 2568）

孔雀宮

325 孔雀宮

1912／ビルヒニオ・コロンボ

建物の中央、玄関の上に凝りに凝ったアカンサスの葉の柱頭があり、その上に向かい合った一対の孔雀が居る。バロック的な装飾もある中で、イスラム風のねじり柱も連続している。柱の間はカラータイル の花模様。建物そのものが建築史であるサービス精神旺盛な作品。（ブエノスアイレス／Av. Rivadavia 3230）

326 リバダビア通りの家

ジレルモ・アルバレス

孔雀宮の隣にあり、外壁を白、赤、ピンク、オレンジで塗った派手な2階建ての建物。スペインに生まれ、5歳で越してきたアルバレス。彼の設計した他の建物は、実に堅実な色と形なので、後世に塗られた可能性がある。（ブエノスアイレス／Av. Rivadavia 3216）

327 ホテル・ガレイ

Icilio Chiocci & F.Berardone

花の冠をつけ、長い髪がウェーブする、フランス貴族風のレリーフを持つ。その下では、2つの窓を包む円形の赤色と、連続するコーニス（軒蛇腹）の金色が調和を生んで、建物の性格を決定づけている。修復されたばかりで、とても美しいホテル。（ブエノスアイレス／Av. Rivadavia 3101）

328

集合住宅

間口の狭い不思議な6階建ての住宅。2階は褌姿の裸の男性が2人。建物全体を背負うように立つ。両側のパラペットでは行者風の男がしかめ面で睨んでいる。尾根に軒飾りがあり、先端には口を開けたライオンがいる。(ブエノスアイレス／Esmeralda 449)

329

ホテル・チリ

1907／ルイス・デュボワ＆パブロ・パテル

国会議事堂のある憲法広場に面して建つ。設計者2人はフランス生まれ。窓が特徴的で、手摺も良く、上部につく円形のモザイクが心地いい。コーナーのトップが平凡にも感じられるのは、元あった塔が失われているから。(ブエノスアイレス／Av. de Mayo 1293-1297)

330 アレナレス通りの集合住宅

ルイス・デュボワ&パブロ・パテル

この6階建ての建物はただただ大きい。通りの角が入口となるカフェがあり、そこから左右対称。2階だけ窓が大きい破調になっていて処理がうまい。フランス人の設計。(ブエノスアイレス/Arenales 1900)

331 カーサムーション百貨店

エミリオ・ユジュ

フランス生まれのユジュの設計。4、5階の窓や屋根がフランス風のネオバロックの形。しかし、中間3層を貫く巨大なカーテンウォールのボウウィンドウは近代的な世紀末建築。(ブエノスアイレス/Sarmiento 1809)

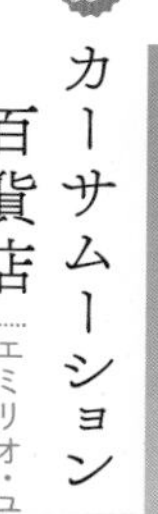

CUBA
キューバ
Hotel RAQUEL

332 ホテル・ラケル

1908／Paulino Naranjo Ferrer

最上階の上が開いたオープンペディメントや、バルコニーに見られる花瓶のデザインが印象的なバロック様式の建物。オフィスを内部のみ改装。玄関扉の絵や大理石の柱など、1階にあるアールヌーヴォーの内装が評判を呼んだ。エキゾチックな雰囲気を醸している。（ハバナ／263 Mercaderes）

上の写真中央は、鏡兼用の酒瓶棚。銘木で作られていて美しい曲線を描く。下はその両側のハープを模した画面に描かれた2人の女性像。

333 集合住宅

18〜19世紀に建てられた、密集する低層の住宅群。その全てが赤、緑、青、黄などの原色でカラフルに彩られている。2階建てと3階建てが入り混じり、隣同士はスペインと同様に外壁を共有している。バルコニーがつくのは共通だが、それぞれが個性あふれるデザイン。(ハバナ)

334

竜の家

赤く塗られた集合住宅の2階の梁の部分に、一対の竜がいる。西欧の竜は寸足らずで胴体が短いが、これもそう。フランスのシャンボール城の竜の紋章とそっくりである。（ハバナ）

335

ラ・ボデキータ・デル・メディオ

文豪ヘミングウェイが通ったお店。壁一面に来客者のサイン。予約のない人がいつも表に並ぶ。バーとレストランがあり、バーの客は大抵ミントの入ったラム酒のカクテルを飲む。（ハバナ／Empedrado）

336

緑の家

華やかなハバナの街にあって、この建物は落ち着いた色合い。窓のバランスも良く、端正な佇まい。1、2階とも窓の上に装飾があり、窓の欄間も細かく仕切られている。（ハバナ）

337 パラシオ・デ・バジェ

1917／Alfredo Colli

元富豪の邸宅。現在はホテル付きのレストラン。装飾タイルなどに特徴がある、イスラムとスペインの伝統を融合したムデハル様式の建物。玄関に節のあるアーチがつき、2階の窓はゴシック系の尖塔アーチが連続する。内部はモスクのようにアラベスクの文様で埋め尽くされている。（シエンフエゴス／Cienfuegos）

338 フェラー宮殿

1918

フランス移民によって開かれた街にある、フランス風の優美な作品。建物の周囲にバルコニーと柱が連続するところはコロニアル風。淡いブルーの壁に白い漆喰で縁取りした綺麗なデザイン。（シエンフエゴス／Cienfuegos）

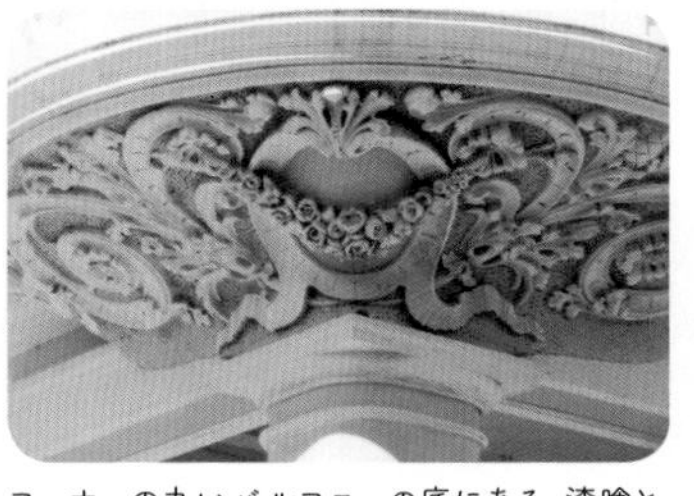

コーナーの丸いバルコニーの底にある。漆喰とコテで彫られていて、非常に細かい造り。草花のモチーフに首飾りのようなものがつく。

339 ベジャス・アルテス宮殿

1934／アダモ・ボアリエ&マレーチ・ゲーサ&フェデリコ・マルスカル

イタリアのボアリエが始め、ハンガリーのゲーサが設計変更。メキシコ革命で中断後、地元のマルスカルに引き継がれて完成した劇場。中央にドームを持ち、正面の大アーチに円柱がつく古典様式の建物だが、パラペットにある花の装飾など、細部はアールヌーヴォー。

（メキシコシティ／Av. Juárez 1）

アーチの要石の部分にある蛇の口から人間の顔が飛び出している。内装は丸天井で、バルコニーやロビーは完全なアールデコ。

USA
アメリカ

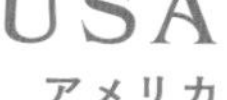

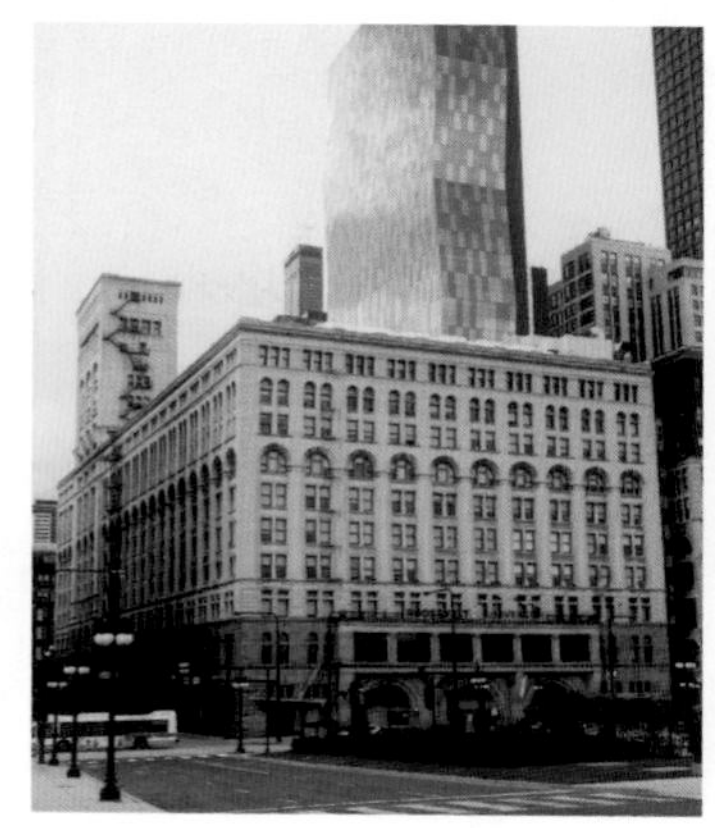

340 オーディトリアムビル

1888／ルイス・ヘンリー・サリヴァン

1ブロック全てを占める大建築。通りを向く4面全てにホテルとオフィスを配置。内側に4300席の劇場を収容。舞台には水力回転装置を備え、冷房もつけた。低層部は粗石積、中層より上は平滑仕上げの石貼りをした重厚な外観。評判となって次々と仕事が舞い込んだ。（シカゴ／50 East Ida B. Wells Drive）

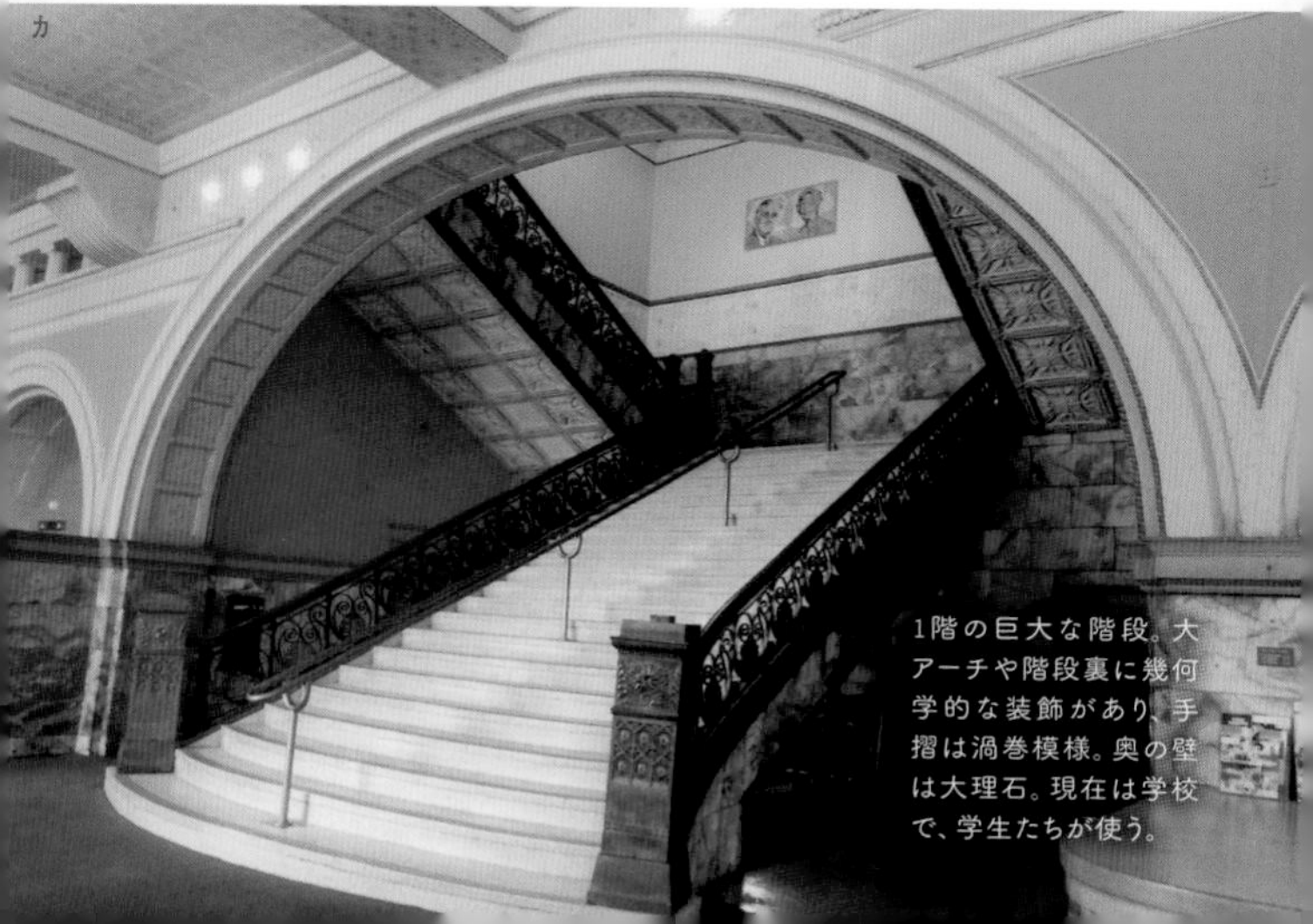

1階の巨大な階段。大アーチや階段裏に幾何学的な装飾があり、手摺は渦巻模様。奥の壁は大理石。現在は学校で、学生たちが使う。

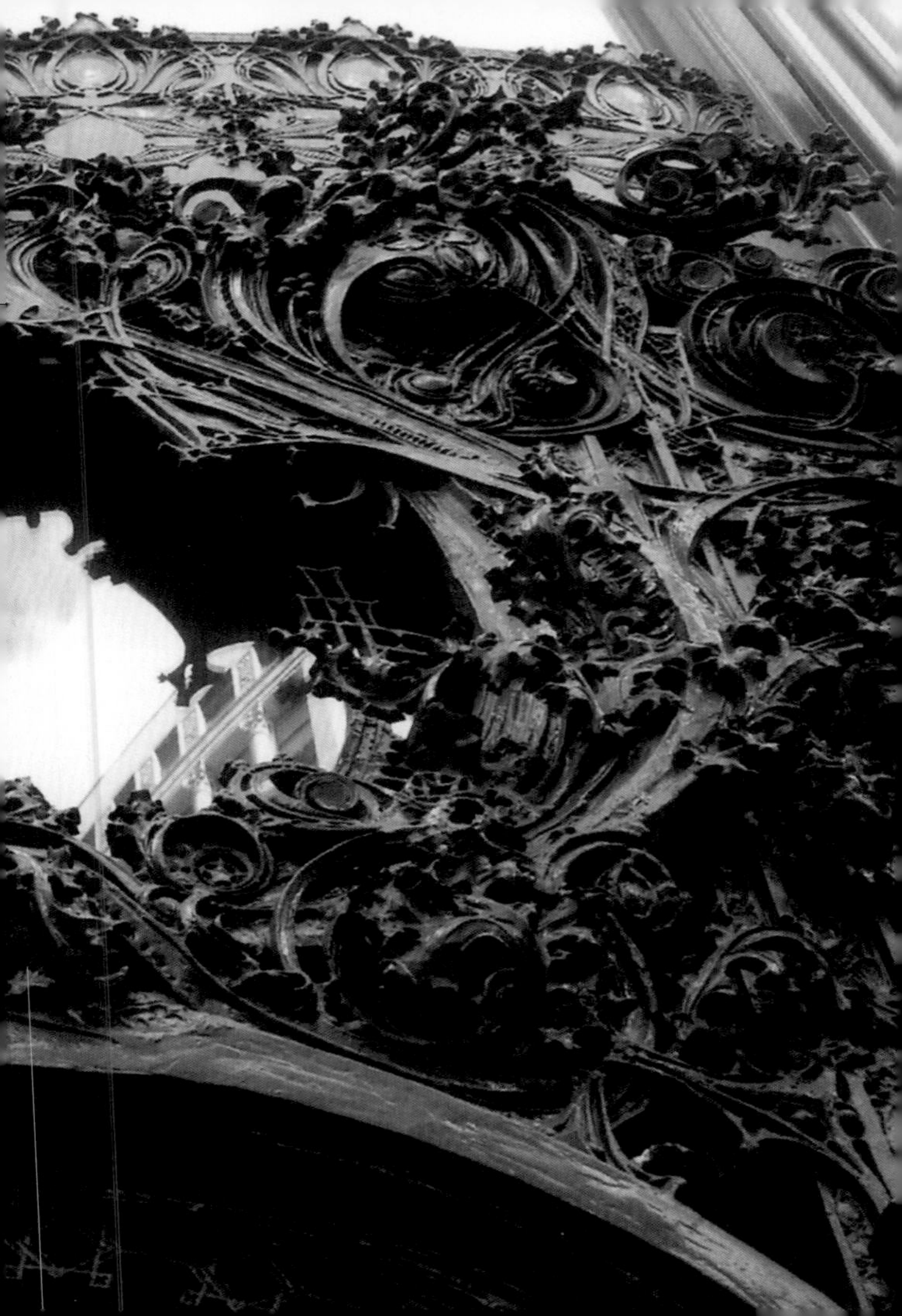

カーソン・ピリー・スコット百貨店

341 カーソン・ピリー・スコット百貨店

1903／ルイス・ヘンリー・サリヴァン

鉄骨造によるアメリカ初の百貨店。「建築は装飾を捨てるべきだ」と公言していた作者。ほんの少しつけた植物文様が大評判となり、建物の顔になってしまった。大きなガラス窓で採光を取る、広々とした空間が高く評価された。（シカゴ／1E Madison St）

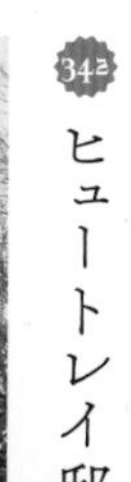

342 ヒュートレイ邸

1902／フランク・ロイド・ライト

プレイリー住宅と名付けられた低層で軒の深い建築。日本の住宅に着想を得たと言われる。道路からセットバックした空間に芝生を植え、車庫は家の裏にある。アメリカの郊外住宅のプロトタイプになった。（オークパーク／318 Forest Ave）

343 ライトのスタジオ

1889／フランク・ロイド・ライト

黒一色の外壁のライトの仕事場には、ペリカンのレリーフが並んでいる。1か所に6羽ずつ配置されていて、その無表情でニヒルな姿はライトのダンディズムを示している。(オークパーク／951 Chicago Ave)

344 ムーア邸

1895／フランク・ロイド・ライト

巨匠ライトが30歳で手掛けた住宅。急勾配のスレート屋根に、下地の柱がむき出しになった外壁。玄関に繋がる広々としたホワイエ。イギリスの住宅から引用しているように思われる。よく見ると、後に彼が主要なモチーフとする「マヤ」の彫刻が散見される。(オークパーク／333 Forest Ave)

PARTS 6

いくつもの幻想世界へのとびら

Chapter 7

アジア ASIA

無量寿舞［向台老人ホーム］（日本／東京）

TURKEY
トルコ

345 ジャニサリーズ・ミュージアム

……レイモンド・ダロンコ……

リバティ様式が得意なイタリアのダロンコ。オスマン帝国の皇帝に招かれ、宮廷建築家として16年間滞在。大きく張り出した花びらのような庇はトルコ特有で、中央の窓はイスラム風ゴシック。イスラムとアールヌーヴォーの融合。（イスタンブール／Üçler Sk. No:5）

346 Marmara University Rector（農業省）

……1900／レイモンド・ダロンコ……

大きく張り出した天蓋、その下の軒蛇腹、小さい窓や窓上部のトンガリ装飾などによって、現地ではトルコ式バロックと説明されている。華々しいリバティ様式の建物を設計した彼の折衷的な作品。（イスタンブール／Küçük Ayasofya, Sultan Ahmet Parkı No:2）

ポッターハウス

347 ポッターハウス

1901／レイモンド・ダロンコ

ダロンコが本来のスタイルで才能を存分に発揮した作品。女性の顔と花という定番のモチーフで装飾し、下方には鋳鉄製のヤシをあつらえた。この端正な建物が姿を現すと、地元の若い建築家たちはこぞって模倣し、イスタンブールに世紀末建築が林立することになった。（イスタンブール／Şahkulu, İstiklal Cd. No:235）

348 Vlora Han

1904／アンニバーレ・リゴッティ

ダロンコがトリノから伴ってきたリゴッティの作品。古びてはいるが、たくさんの薔薇の花に覆われていて、それを獅子頭とアイアンワークでまとめ上げた秀作。（イスタンブール／Büyük Postane Cd. No:18）

349 薔薇の集合住宅

イスタンブールには200程の世紀末建築があり、その内の73軒はダロンコの設計。残りは地元の大学で学んだ若い建築家たちが建てたと思われる。美しい窓の上にはやはり薔薇の装飾。（イスタンブール）

350 Sabanci University Kasa Gallery

ブルーの美しい彩色タイルで飾った建物。玄関は、兜姿の戦士の頭を中心にややイスラム風の花模様。真ん中に鳥の姿もあり、戦争と平和を示すよう。柱頭に2匹の蛇が絡まる。（イスタンブール／Bereketzade, Bankalar Cad. No:2）

351 Ragıp Pasha Apartments

Aram Caracach

窓の上の扇形に曲げられた装飾が特徴の建物。偶数階のレンガとその両側の薔薇が花を添えている。よく見ると庇と窓は、すべて同じに作られている訳ではなく、凝った造り。（イスタンブール／İstiklal Cd. No:40）

352 Papadopoulos Frères Appartements

1907

ブリュッセルにあるサン・シル邸の丸窓デザインがここまで飛んできた。中央がベイウィンドウの形になり、屋根の庇にアクセントを与えている。3、4階のみに青いタイル。（イスタンブール／Lüleci Hendek Cd. No:46）

353 DEFTER-İ HAKANİ BİNASI（帝国登記所）

メフメット・ヴェタット・テック

現地生まれでパリに学び、国の主要な建築に携わったテックの設計。最上階中央のブルーのタイルが目立つ。他には大屋根を支えるつっかい棒が面白い巨大建築。（イスタンブール／Binbirdirek, Atmeydanı Cd. No:10）

トルコの伝統的木造住宅。上階が飛び出ているのが特徴。カラフルなものも多く、イスラム風、またはアールヌーヴォー風の装飾で満たされる。

AZERBAIJAN
アゼルバイジャン

354 Musa Naghiyev Houses
1910／Józef Płoszko

通りの両側に向かい合う2つの巨大なアパートの片側。ボウウィンドウが随所にあり、窓廻りは洞窟のよう。その正体は花の連続アーチで、下にはちゃんと木も付いている。画一的でなく、見るのが楽しいユニークな建物。（バクー／28 May St 4-6）

355 集合住宅

20世紀初頭、アゼルバイジャンは世界の石油の90％を生産。富と文化と人口が大量流入し、多くの集合住宅が建設された。この建物もその一つ。連続したアーチの窓に安定感がある。1箇所だけ飛び出したバルコニーの柱も美しい。（バクー）

356 イスラム風アールヌーヴォーの家

細かい模様はイスラム風のアラベスクだが、窓のアーチが一切ない。柱頭のデザインもここでしか見られないユニークなもの。これまでの様式から一歩進んだニューアートな建築。（バクー）

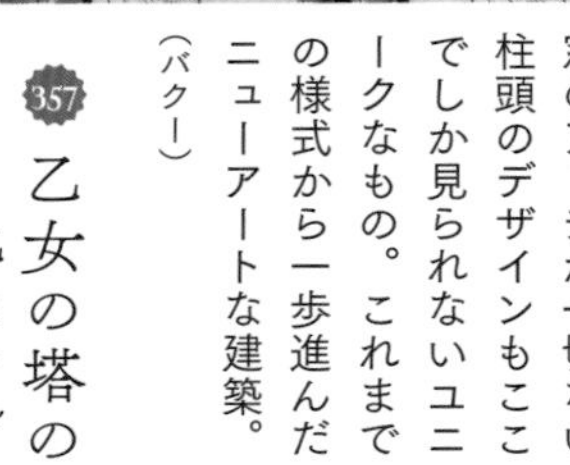

357 乙女の塔の隣にある元ホテル

Andris Vitolius Latviya

5階建ての大きな建物。コーナーの塔と、中心より左にある三角屋根が協力して変化を生んでいる。最頂部には三枚舌の怪物の頭が乗っかっている。これが避雷針なら言うことなし。（バクー／Sabayil）

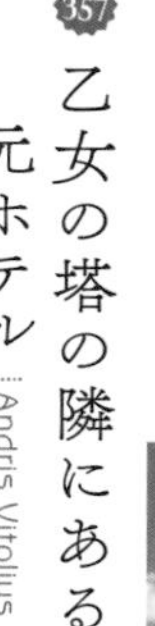

GEORGIA
ジョージア

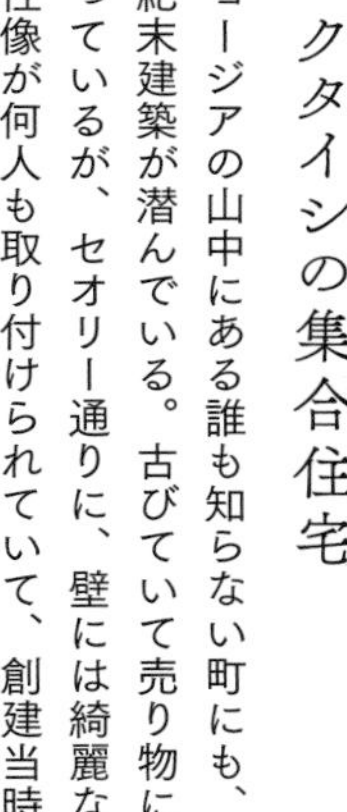

358 クタイシの集合住宅

ジョージアの山中にある誰も知らない町にも、世紀末建築が潜んでいる。古びていて売り物になっているが、セオリー通りに、壁には綺麗な女性像が何人も取り付けられていて、創建当時と変わらない美しさを保っている。（クタイシ）

359 Mantashev Rows
（弓形道路のアートギャラリー）

1905／Gazar Sarkisyan

首都トビリシにある弓形に湾曲した道路に沿って弓形に建っているギャラリー。左右の塔の間に丸窓を置くうまい仕上げ。バクーでは三枚舌の男の装飾があったが、この建物の玄関には、口を開けた舌長男がいて出迎える。（トビリシ／Bambis Rigi St 7）

CHINA
中国

360 江蘇路基督教堂

……1910／Curt Rothkegel

ドイツが建てた、落ち着いた佇まいのキリスト教会。丘の上にあるので、塔は高くする必要がなく、ズングリとしている。遠くからの視線を意識して、屋根はブルー。形は北欧のものに似ている。全体としてはナショナルロマンチシズムだが、粗石を部分的にしか使っていないのがめずらしい。外壁はモルタル壁に線引模様のみ。（青島／山东省青岛市市南区江苏路15号）

青島ドイツ総督官邸

361

青島ドイツ総督官邸

1907／Werner Lazarowicz

青島を租借したドイツが信号山に建てた建物。権威を示す堂々たるナショナルロマンチシズムで、四面全て顔が違う。飾り柱の花模様や、破風の白い剣の模様はウィーンセゼッション風で、ドイツではあまり見かけないもの。今は博物館になっていて、観光バスが押し寄せている。（青島／山东省青岛市市南区龙山路26号）

362 旧医薬商店 1905

国が保護する建物。左右対称の建築で壁はレンガタイルだが、窓の数が多く軽快に見える。屋根にある2本の小さな尖塔が視覚効果を発揮していて、中央の丸い破風も心持ちよい。(青島／山东省青岛市市南区广西路33号)

363 商業ビル

全長約2kmの中央大街にあるハルビン一のショッピングストリートの建物。20世紀初頭の建物が30棟ほど残っており、全て洋館である。この建物の見所は中央の楕円形の窓。(ハルビン／黑龙江省哈尔滨市南岗区中兴大道)

364 ハルビンヤマトホテル(貴賓楼)

ロシアが建てたホテルで、後に日本の南満州鉄道が借りた。大きなホテルのなかで、最初に建てられたのがこの貴賓楼。入口のドアに装飾が施され、両側に叫ぶ男の像がある。(ハルビン／哈尔滨市南岗区Harbin红军街85号)

365 旧マルス

中央大街の中程にあるレストラン。屋根の破風にある花台を支えて飛ぶ2人のニンフ像が良く目立つ。やや直線が勝ったアールデコ風。1、2階は改修されてガラス窓になっている。（ハルビン／黒龙江省哈尔滨市道里区中央大街142号）

366 奉天ヤマトホテル・宴会場

玄関の銘板に「日本の小野木、横井建築事務所設計。瀋陽で最大で最も豪華なホテル」とある。宴会場の折上天井には金が用いられている。女優の李香蘭がデビューした場所。（瀋陽／辽宁省沈阳市和平区太原街商圏中山路97号）

367 旧ドイツ人アパート

中国ではドイツを徳国と呼ぶ。なんとなく敬意を感じる。そのドイツが青島を植民地としていた時代に建てた建物。窓が大きく開放的で、両端にある円形のバルコニーがユニーク。（青島）

368 旧大阪毎日新聞社大連支局（大毎館）

1925／横井謙介

芯をずらしたところに塔があり、そこに風冠と呼ばれる、かぜかんむりの形の装飾がある。そこに植物の細かい装飾が加えられている。ホテルとしても使用された。（大連／辽宁省大连市西岗区上海路76号）

369 旧大山寮

旧満鉄が建設した自動車学校。妙に魅力的な建物。三方にある破風が丸く湾曲し、下三層に貼られたレンガタイルに重厚感がある。現在は病院になっている。（大連／辽宁省大连市中山区上海路78号）

370

旧帝国ホテル

1923／フランク・ロイド・ライト

ライトが4年間日本に住んで、渾身の力を込めて作ったホテル。建て替えで解体する時に、中央部分が明治村に移築された。大谷石を多用し、低層で横に広がるプレスリースタイルの完成形。得意のマヤのモチーフで飾られている。（愛知／犬山市字内山1 博物館明治村内）

371

旧山邑邸（現淀鋼迎賓館）

1924／フランク・ロイド・ライト

ライトが日本滞在中に設計した富豪の邸宅。山の傾斜をうまく利用して作った。外装に大谷石を用い、マヤのモチーフの彫刻。屋上に上ることができ、芦屋の町が良く見える。（兵庫／芦屋市山手町3－10）

ロビーこそ外壁と同じマヤ様式だが、内装は、ライト特有の菱形模様やデザイン化した木組み、大理石を用いたアールデコ風。

372 西陣電話局

1921／岩元禄

逓信省に勤めた岩元の設計。シンプルだが完成度の高い、日本を代表する世紀末建築。半円形のファサード全面に女人像が並び、モルタルで作られたライオン像と対をなす。完成から時を置かず、岩元は28歳で夭逝した。（京都／京都市上京区甲斐守町33）

373 松本健次郎邸

1912／辰野金吾

明治を代表する建築家が、唯一アールヌーヴォー様式で設計した住宅。入口のドア廻り、応接間の家具、壁の腰などに銘木が使われ、美しく曲線を描いている。2階は和室だが、美しい襖絵のある床の間に洋風の暖炉が設えられている。（福岡／北九州市戸畑区一枝1丁目4-33）

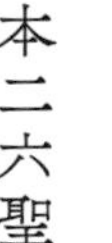

374 日本二六聖人記念館
375 聖フィリッポ教会（日本二六聖人記念堂）

1962／今井兼次

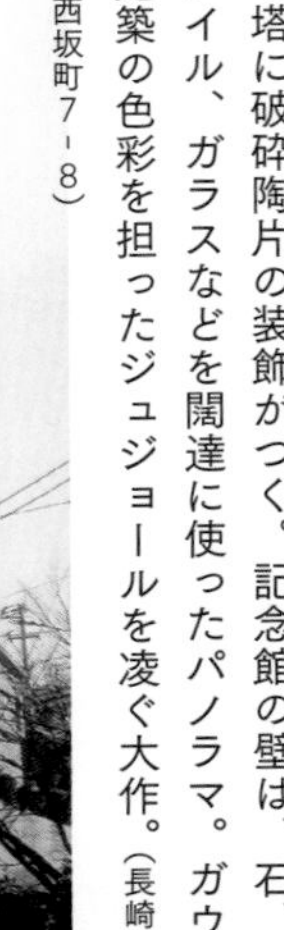

ガウディを日本に紹介した今井が、ガウディに捧げたように思える建物。教会はコンクリート打放しだが、2本の塔に破砕陶片の装飾がつく。記念館の壁は、石、陶器タイル、ガラスなどを闊達に使ったパノラマ。ガウディ建築の色彩を担ったジュジョールを凌ぐ大作。（長崎／長崎市西坂町7-8）

376 桃華楽堂（宮内庁三の丸尚蔵館）

1966／今井兼次

昭和天皇の后、香淳皇后の還暦祝いに建てた音楽堂。8枚の花びらを形どった屋根を持ち、平面も八角形。誕生日にちなんで桃のモチーフを使い、華の字形が61を表す。外壁は8面それぞれ異なった鮮やかなモザイクタイル。（東京／千代田区千代田1－1）

377 プチ・エタン

1986／梵寿綱

何と叙情に満ちた建物だろう。鈴蘭の咲く岩屋の入り口の上方に「愛」に満ちたニンフが白い花を捧げている。下から見上げる孔雀の口からは蔦の茎が伸び上がっていく。ゲーテの「詩と真実」を表すこの建築は見る人の心を惹きつける。（東京／豊島区池袋3丁目51－5）

鮮やかな色彩の祝祭　ステンドグラス

巻末寄稿

インスタ時代のアールヌーヴォー

VON JOUR CAUX

梵寿綱

無量寿舞［向台老人ホーム］（日本／東京）

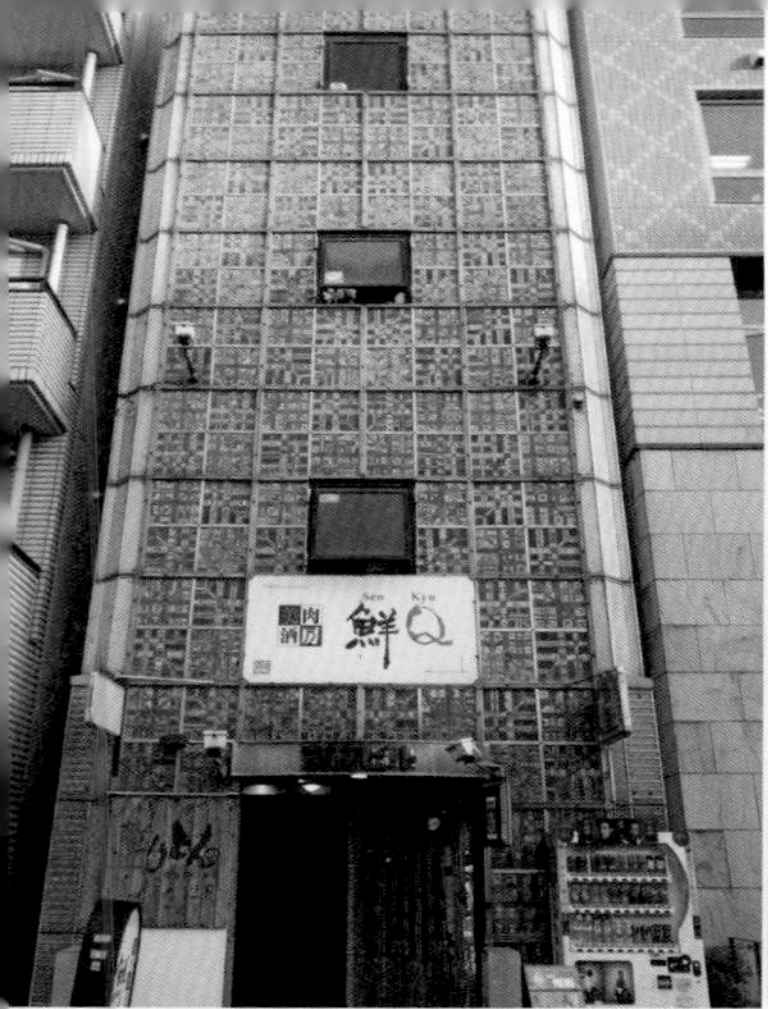

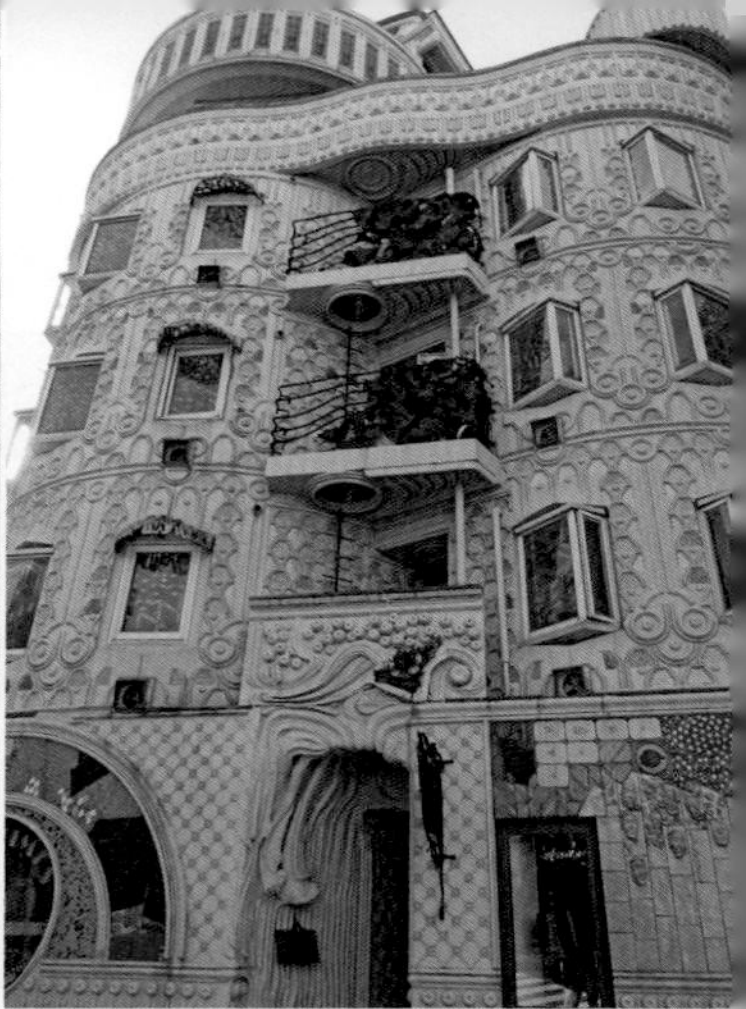

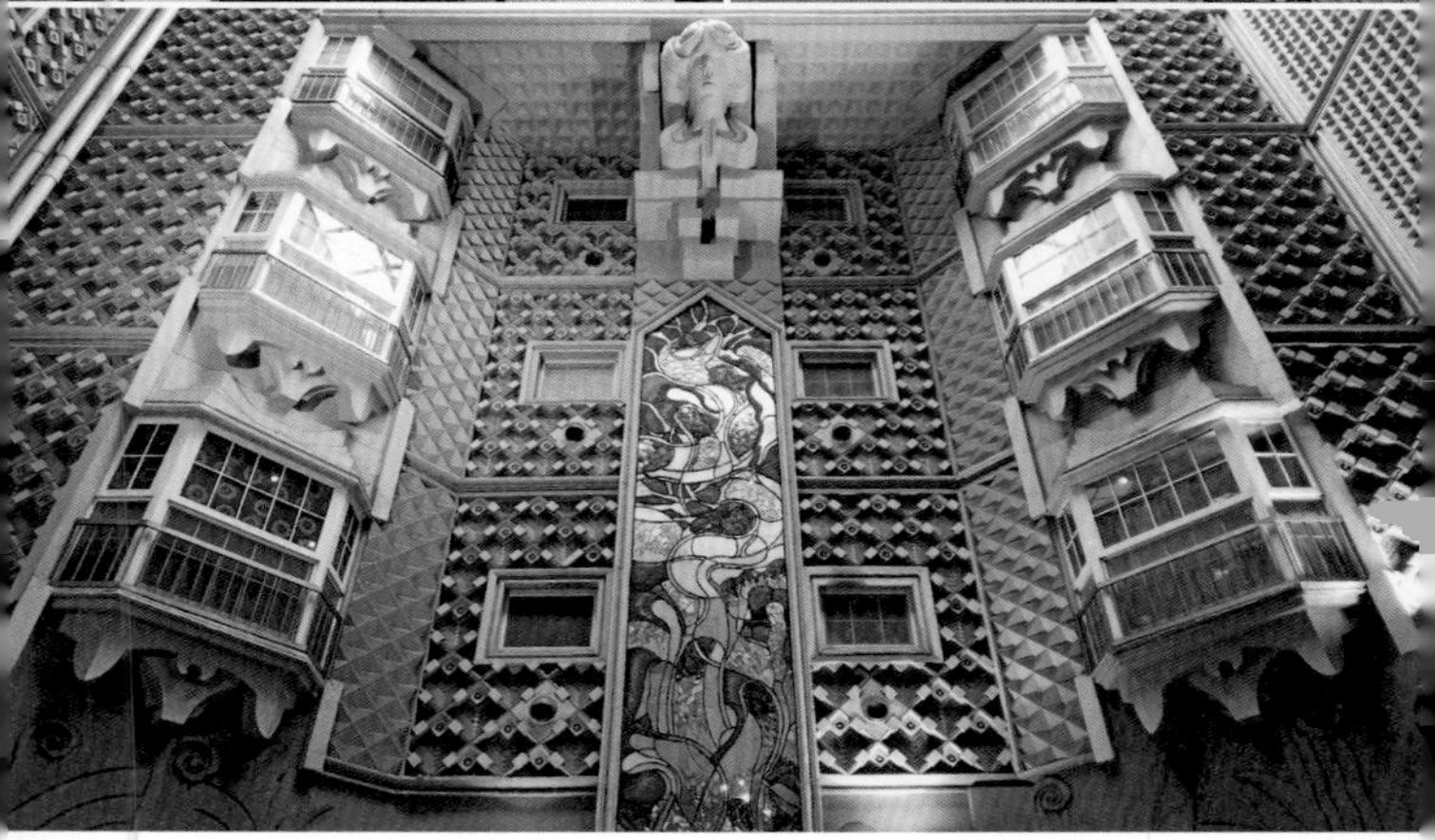

1.ドラード早稲田（東京）
2.Royal Vessel（東京）
3.マインド和亜（東京）
4.松濤の寿舞（東京）
5.エストエスペランサ（東京）
6.ルボワ平喜（東京）
7.ラポルタ和泉（東京）
8.Pozzo Bianca（埼玉）

☞新しい芸術（アールヌーヴォー）

一般的に「アールヌーヴォー（新しい芸術）」という名前で呼ばれている様式は、国によって「Art Nouveau（フランス）」「Modern Style（イギリス）」「Glasgow Style（スコットランド）」「Tiffany Style（アメリカ）」「Jugend Steyr（ドイツ）」「Vienna Seccession（オーストリア）」「Newh Kunst（オランダ）」「Stile Liberty（イタリア）」「Style Sapin（スイス）」「Style Moderne（ロシア）」「Model Nismo（スペイン）」などと呼ばれる、総合的な「新しい芸術」運動の遺産です。

アールヌーヴォー運動は、同時多発的にヨーロッパを中心に世界的に、１８９５年頃から１９０５年頃までのわずか10年の間に広まりました。

しかし、その後の工業化、効率化の時代においては、単なる世紀末の退廃芸術と見なされ、美術・建築史上においてその価値は認められず、再評価を受けるまでに、50年余りの時日を要したのです。

☞芸術がライフスタイルの時代

１７６０年代からイギリスが先導した産業革命では、急速な技術革新に伴う機械化と工業化が進みました。ヴィクトリア女王治世であったこの時代は、英国宮廷美術が花開いた時期でもありましたが、工業化が進むに連れて、スキルで支えられていた手工芸の職人や美術家たちは、安易に製作でき安価に大量流通できる粗悪な製品に職を奪われるようになりました。

このような産業革新に危機感を抱いた経済学者のKarl Marx（１８１８年〜１８８３年）は、「労働」と「資本」を産業社会が目指す「価値」であると主張し、科学的社会主義を唱えました。

一方で、ヴィクトリア時代を代表する美術評論家・社会思想家・オックスフォード大学の教授でもあったJohn Ruskin（１８１９年〜１９００年）は、中世におけるゴシックの装飾芸術に目を向け、職人＝労働者が自由に創造性を発揮し、喜びと共に仕事に取り組んでいた時代を理想としました。芸術は一部の富裕層のためにあるのではなく、労働者の日々の暮らしを喜びで彩るためにあるのだと、「芸術」と「創作」こそが産業社会が目的とする「価値」であると主張したのです。

このラスキンの「生活の中に芸術を」という思想に影響されたWilliam Morris（１８３４〜１８９６年）は、社会を工業化ではない方法で、近代化しなければならないと考えました。様式の継承と製作技術にこだわる職人と共に、デザイン思想を加えた実践としてのアーツ・アンド・ク

麻布の寿舞（東京）

ラフツ運動を起こした彼は「モダン・デザインの父」と呼ばれ、アールヌーヴォー運動の先駆けとなったのです。

☞世紀末芸術哲学の源泉

産業革命と共に登場した物質主義社会に反抗して起こった象徴主義は、「目に見えないもの、ただ感じるものを信じる（モロー）」「神秘の世界に向かって開かれた小さな戸口（ルドン）」などの、神秘的・超自然的なものへの思潮を生み、世紀末芸術の思想的基幹となりました。

象徴主義の詩人で評論家のGabriel-Albert Aurier（1865年〜1892年）は、象徴主義芸術の本質を次の如く述べました。

「第1に観念的であること。その唯一の理想は観念の表現なのだから。第2に象徴的であること。その観念に形を与えて表現するのだから。第3に総合的であること。それらの形態や記号を一般に理解される形で描くのだから。第4に主観的であること。客観的事物は客観的事物としてではなく、主観により感受される記号として考えられるのだから。（以上によって）第5に装飾的であること。」

この5要点は同時に、単に表層的な装飾の世紀末的な狂宴に過ぎないと誇られていた、世紀末芸術の源泉思想でもあるのです。

☞ 夢と象徴世界の時代

時期を同じくして、ジークムント・フロイトの精神分析と（個人的）無意識やグスタフ・ユングの個人的・集合的無意識など、心理学から、夢や幻想の精神世界が注目されました。自然界の花、草、樹木、昆虫、動物などを主題とし、生命のような不規則な動きをする装飾のモティーフに潜在する空白や象徴の意味的世界が開かれたのです。

そして、古い様式の模倣が主流で新しい創造がなされる余地はほとんどなかった建築の世界で、ただ表面的な装飾だけではなく建築の構造そのものを高め、装飾と機能を美しく備えたアールヌーヴォー建築が生まれました。

当時は、これまで貴族など一部のエリートのものだったショッピングやレジャー、ナイトライフなどの大衆化・消費ブームが起きた時代でした。最も影響力のある「メディア」は、ポスターや広告グラフィックでしたが、ジャパニズムやオリエンタリズムを用いて大きなムーブメントを起こしました。

隆盛を極めたヴィクトリア宮廷文化は、こうした時代背景を通して、「美はすべて都市に注ぎ込まれたように街路に溢れた（建築史家・鈴木博之）」という言葉が示す通り、新しい様式や装飾美術の追求が進み、多様な意匠（デザイン）のアールヌーヴォー風の邸宅や家具・室内装飾品などが生み出され、様々な生活品が溢れた「ベル・エポック」と呼ばれる都市文化へと移り変わっていったのです。

しかし第一次世界大戦が起こり、荒廃した社会は、産業に追従する形で幾何的図案のモダニズム的なアール・デコへと移行しました。しかし、それもまた20年という短命で消えてゆきます。

思潮は工業化を利用しつつ優良な質の製品を生み出すという工業的な美意識に忠実なドイツ工作連盟（バウハウスの前身）に受継がれましたが、「装飾は罪悪である（アドルフ・ロース）」と誹られました。

バウハウスの理念は、さらに生産性や工業性を進めて、アメリカを中心に合理的な現代建築の時代へと移行してゆきました。今も私たちは、合理性に貫かれた社会に暮らしていると言えるでしょう。

☞ インスタ文化革命の時代

しかし、人間は合理性ではなく、共感（empathy）を通じて、他者と関係を結びます。一人一人が個別に五感で感じた喜怒哀楽の感情や言語情報を共有することで、信頼が築かれてゆくのです。

共感できる個体の範囲は脳の容量と関係しています。人類は、脳が大きくなるごとにコミュニティの構成員を増やしてきました。60万年前、成人の脳の容量を現代人とほぼ同じ1300cc以上に発達させた人類は、150人の集団を形成して暮らすようになりました。

さらに、五感で感じるものを記号や文字で抽象化して再現し、目の前にいない人にも想像力を介して伝達する方法を発達させました。その結果、私たちの共感力は格段に伸びたのです。

現在では、インターネットが普及してTwitterやFacebookなどのSNSも幅広く利用され、私たちは150人以上の見知らぬ人たちや遠方の知人たちとも、容易につながれるようになりました。

SNS革命と呼ばれる、チュニジアの「ジャスミン革命（2010年12月）」や、「エジプト革命（2011年1月）」が起き、最近ではトランプ大統領の僅か140文字のTwitter上の発言が、強い情報力を発揮して、「身体行動的な共通感覚がなければ人々は連携できない」という通説を完全に覆しました。

さらにスマートフォンの進化で、高精度の写真や動画の制作が素人でも容易になり、インスタグラムの普及で、「インスタ映え」する投稿が瞬時に共有されて新しいトレンドが突然生み出されたり、出版物から学んでいた学術的通説すら根底から覆す動画情報を日常的に共有できる時代になりました。

「現代のライフスタイル」は、スマホやデジカメと共にあり、ラーメンや立食いそばの隠れた名店情報や評価は毎日無数に更新され、同様にインスタ映えする街角の景観や建物情報も共有され、多数の共感を得れば「いいね」と評価される、新しい時代の幕が上がりました。

この文庫本は、アールヌーヴォーを愛好し、また精通した著者の目で捉えて「いいね」と感じた、隠れた建築の発掘写真集ですが、これらはまさに19世紀末から20世紀初頭にかけて、ヨーロッパの国々を中心にその風土によって微妙に異なる特徴を見せながら広まった、国際的な美術的・工芸的世紀末芸術の時代の景観なのです。

「美は細部に宿る」とは、「Less is More.」と建築の装飾を否定した近代建築の巨匠・ミース（Ludwig Mies van der Rohe／1886～1969）の言葉と言われていますが、著者の視線は真逆で、世紀末アールヌーヴォー建築の細部に宿る美に「いいね」と共感したようです。

（ぼんじゅこう・建築家）

梵寿綱

おわりに

まだ見ぬ建物の呼び声

最後まで目を通して下さって有難うございます。

この本を書いていて、ガウディやマッキントッシュの建築を初めて見た時のことを思い出しました。

バルセロナでサグラダファミリアと対面したのは、1984年の7月のことでした。ご誕生の門が完成し、受難の門もちょうど仕上がりかかっていた頃で、建築を遥かに超越したこの建物に、まさに驚きの一言でした。

グラスゴーで、マッキントッシュがデザインしたウィローティールームを見たのも同じツアーでした。ガウディとはまた全く違う魅力があり、「こんなに優しいインテリアがあるんだ」と、深い感動を覚えました。

そして「はじめに」で書いたように、ウィーンの華やかな建築に魅了されたのですが、この3つの建築こそが、世に言う「アールヌーヴォー」なのだと初めて知ったのです。

それからは、アールヌーヴォーの中心地であったパリやナンシー、ブリュッセルに何度も訪れるようになりました。さらにある時からは、旧ハプスブルク帝国領に数多くの知られざるアールヌーヴォー建築の傑作があると分かってきましたので、そちらにも通い詰めることになりました。本書は、その旅の足跡です。

最後に、自作を掲載して下さり、また解説を寄せていただいた梵寿綱さん、素敵なデザインをして下さった田村奈緒さん、私と一緒に本づくりに携わってくれた大和書房の西山大悟さんに、感謝したいと思います。

アールヌーヴォー建築に魅せられて、35年になりますが、初めに抱いた熱狂的な思いは、いまだに褪めておりません。

まだ見ぬ建物の呼び声が、いまも聞こえてきます。

身体が続く限り、歩き続ける覚悟です。

著者

小谷匡宏 おだに・ただひろ

一級建築士。1945年高知県生まれ。芝浦工業大学建築学科卒業。ASA設計事務所を経て、74年小谷匡宏建築設計事務所を設立。80年、株式会社小谷設計に改組、代表取締役社長。2016年同取締役会長。第1回、第7回高知市都市美デザイン賞受賞（針木東グリーンハイツ）（帯屋町一番街アーケード）、通商産業省グッドデザイン賞を隈研吾氏と共同受賞（雲の上のホテル・レストラン）。

アール・ヌーヴォー建築巡りがライフワークで、数々の文献を渉猟し、世界90カ国を駆け巡り、1000点以上の写真に麗しき姿態を収めている。

著書に『アールヌーヴォーの残照—世紀末建築・人と作品—』（三省堂書店）、『ハプスブルク帝国のアールヌーヴォー建築』（リーブル出版社）がある。

ビジュアルだいわ文庫

一度は行きたい幻想建築
世紀末のきらめく装飾世界

著　者　小谷匡宏
©2020 Tadahiro Odani, Printed in Japan
2020年4月15日第一刷発行

発行者　佐藤 靖
発行所　大和書房
東京都文京区関口1-33-4　〒112-0014
電話03-3203-4511
フォーマットデザイン　福田和雄（FUKUDA DESIGN）
DTP　田村奈緒
本文写真　小谷匡宏
印　刷　歩プロセス
製　本　ナショナル製本

ISBN978-4-479-30815-7
乱丁本・落丁本はお取り替えいたします。
http://www.daiwashobo.co.jp/